PORTUGUESE

Lingo Facile

PORTUGUESE

31 Short and True Stories

Summary

PRÉFACE

Welcome to the fascinating bilingual world of "Portuguese: 31 True Short Stories." In these pages, you will venture beyond the boundaries of reality to explore the astonishing realm of authentic events that seem straight out of a fiction book. You will discover stories of heroes and tricksters, incredible adventures, and unfathomable mysteries, all drawn from the true history of our world.

As you delve into these narratives, you will be captivated by the daring feats of those who dare to push the limits of humanity, whether it's breaking speed records, solving enigmatic puzzles, or defying the forces of nature. You will meet ordinary men and women thrust into extraordinary situations, finding within themselves the resilience and courage to overcome immense challenges.

You will also explore the dark depths of the human soul through the stories of swindlers and con artists who have orchestrated brilliant and sometimes diabolical schemes to achieve their goals. Their tales will leave you both in awe of their ingenuity and incredulous at the audacity of their crimes.

But "Portuguese: 31 True Stories" is not just about individual feats and misdeeds. You will also dive into collective mysteries that have challenged researchers, investigators, and curious minds around the world. You will explore the shadowy corners of history where the truth is often stranger than fiction.

Each of these 31 carefully chosen stories offers you a unique opportunity to marvel, be amazed, and question the nature of reality itself. You will discover that our world is far stranger and more surprising than we could ever imagine.

So, get ready to be captivated by the stories that follow. Open this book, and let yourself be swept away on an extraordinary journey through the world of "Portuguese: 31 True Stories." You will never see reality the same way again.

Your opinion counts!

Once you've finished this book, share your review on Amazon.

Your feedback will be useful for future readers.

I can't wait to see how this book has impacted you.

Thank you in advance for your contribution and happy reading!

1

THE TRUE STORY OF THE SWINDLER WHO MANAGED TO SELL THE EIFFEL TOWER

A fascinating saga

The first story we discover together took place at the beginning of the 20th century, just a few decades after the completion of this iconic emblem at the Paris Universal Exhibition in 1889.

The central character in this story is Victor Lustig, a man born in Austria-Hungary in 1890, who quickly made a name for himself in the world of fraud and swindling thanks to his ingenuity and daring. In 1925, Lustig was in Paris, the city of light, looking for the next big con to pull off.

The bold idea came to him to sell the Eiffel Tower itself. He knew that this iconic building had a special place in the hearts of Parisians and that it was world-renowned. So Lustig hatched a meticulous plan to pull off the deception.

The first step in his plan was to create false official documents, including letterheads from the Paris City Hall, to give his transaction an appearance of legitimacy. He was aware that the local authorities would not want to draw attention to the fact that the Eiffel Tower was for sale, and he was counting on this factor to fool his potential victims.

With his false documents in hand, Lustig organised a secret meeting with a group of Parisian scrap merchants. At the meeting, he explained that the cost of maintaining the Eiffel Tower had become prohibitive, and that the French government had decided to sell it off for financial reasons. He skilfully highlighted the business opportunities this represented for the scrap merchants, convincing them that dismantling the Eiffel Tower for scrap was a profitable venture.

Lustig succeeded in arousing real interest in one of the scrap dealers, who was prepared to pay a substantial sum in cash as a 'commission' to seal the deal. This victim was convinced that he had a golden opportunity. However, once Lustig had the money in his hand, he quickly made off with his loot, leaving the scrap merchants dumbfounded and stunned by their gullibility.

What's even more astonishing about this story is that Lustig returned to Paris a few months later, apparently convinced that he could run the same scam successfully a second time. Unfortunately for him, the authorities had been alerted to his return, and he was eventually arrested by the police. Although his first spectacular escape had made him famous, this time he could not escape justice.

Even behind bars, Victor Lustig continued to engage in various swindles and frauds, demonstrating his unwavering dedication to the art of deception.

Victor Lustig's story remains legendary for its audacity, creativity and ability to deceive others. It serves as a vivid reminder of how ingenious crooks can be in their attempts to defraud, and remains one of the most famous stories in French crime history.

A HISTÓRIA VERÍDICA DO VIGARISTA QUE CONSEGUIU VENDER A TORRE EIFFEL

Uma saga fascinante

A primeira história que descobrimos juntos teve lugar no início do século XX, apenas algumas décadas após a conclusão deste emblema icónico na Exposição Universal de Paris em 1889.

O personagem central desta história é Victor Lustig, um homem nascido na Áustria-Hungria em 1890, que rapidamente se tornou conhecido no mundo da fraude e da burla graças à sua ingenuidade e ousadia. Em 1925, Lustig estava em Paris, a cidade da luz, à procura da próxima grande burla.

Teve a ousada ideia de vender a própria Torre Eiffel. Ele sabia que este edifício icónico tinha um lugar especial no coração dos parisienses e que era mundialmente conhecido. Assim, Lustig concebeu um plano meticuloso para conseguir o logro.

O primeiro passo do seu plano consistia em criar documentos oficiais falsos, incluindo papéis timbrados da Câmara Municipal de Paris, para dar uma aparência de legitimidade à sua transação. Ele sabia que as autoridades locais não iriam querer chamar a atenção para o facto de a Torre Eiffel estar à venda e contava com este fator para enganar as suas potenciais vítimas.

Com os seus documentos falsos na mão, Lustig organizou uma reunião secreta com um grupo de comerciantes de sucata parisienses. Nessa reunião, explicou que o custo de manutenção da Torre Eiffel se tinha tornado proibitivo e que o governo francês tinha decidido vendê-la por razões financeiras. Com habilidade, salientou as oportunidades de negócio que isso representava para os comerciantes de sucata, convencendo-os de que o desmantelamento da Torre Eiffel para sucata era um empreendimento lucrativo.

Lustig conseguiu despertar o interesse efetivo de um dos sucateiros, que estava disposto a pagar uma soma substancial em dinheiro como "comissão" para fechar o negócio. Esta vítima estava convencida de que tinha uma oportunidade de ouro. No entanto, assim que Lustig tinha o dinheiro na mão, fugiu rapidamente com o seu saque, deixando os sucateiros estupefactos e atordoados com a sua credulidade.

O que é ainda mais espantoso nesta história é o facto de Lustig ter regressado a Paris alguns meses mais tarde, aparentemente convencido de que conseguiria aplicar o mesmo esquema com sucesso uma segunda vez. Infelizmente para ele, as autoridades tinham sido alertadas para o seu regresso e ele acabou por ser preso pela polícia. Embora a sua primeira fuga espetacular o tivesse tornado famoso, desta vez não conseguiu escapar à justiça.

Mesmo atrás das grades, Victor Lustig continuou a praticar várias burlas e fraudes, demonstrando a sua inabalável dedicação à arte de enganar.

A história de Victor Lustig continua a ser lendária pela sua audácia, criatividade e capacidade de enganar os outros. É uma recordação viva de como os vigaristas podem ser engenhosos nas suas tentativas de fraude e continua a ser uma das histórias mais famosas da história do crime francês.

2

ELIUD KIPCHOGE AND THE SUB-2-HOUR RACE

The Man Who Broke the Marathon Barrier

On 12 October 2019, Kenyan athlete Eliud Kipchoge achieved a spectacular feat by breaking the two-hour barrier in a marathon race in Vienna, Austria. This historic event not only set a breathtaking record, but also marked an iconic moment in the history of running, inspiring athletes and sports fans around the world.

Eliud Kipchoge was already a running legend before he embarked on this extraordinary undertaking. Born in 1984 in Nandi County, Kenya, he had already won numerous Olympic gold medals and world championship titles in various long-distance races. Kipchoge was considered one of the best marathon runners of all time, but he aspired to an even greater achievement: to run a marathon in under two hours.

The two-hour barrier was a goal that runners and running experts had long considered insurmountable. The official marathon world record was 2 hours, 1 minute and 39 seconds, set by Kipchoge himself at the 2018 Berlin Marathon. Running a marathon in under two hours seemed an impossible quest due to the physiological demands and time constraints.

However, Kipchoge believed in his mantra: "No human is limited". He teamed up with sports equipment manufacturer Nike and a group of sports science experts to take on this seemingly insurmountable challenge. The attempt to break the two-hour barrier has been dubbed the INEOS 1:59 Challenge.

To achieve this goal, a number of factors had to come together. Firstly, the course had to be as flat and as windless as possible to optimise Kipchoge's performance. The venue chosen was the Vienna Prater, a linear park along the Danube. The organisers meticulously selected a flat, straight 9.6 kilometre course that Eliud Kipchoge had to cover several times.

Another key factor was race strategy. Kipchoge was supported by a team of world-class relay runners, who formed a "V" formation to reduce air resistance. He was also escorted by a car with a screen displaying the ideal race pace, based on the most advanced scientific calculations. In addition, an armada of cyclists followed Kipchoge to provide water and nutritional supplements without slowing down his run.

The date of the attempt was carefully chosen for optimum weather conditions. The event was carefully planned to take place early in the morning, when the temperature was at its lowest, to minimise the risk of overheating.

On D-Day, Eliud Kipchoge was in top form. He had devoted months to intensive training and mental preparation for this historic attempt. The whole world was waiting with bated breath to see if he could achieve the impossible.

The race began at 8.15am, with Kipchoge setting a steady and consistent pace. The Kenyan athlete ran with unshakeable determination, ignoring pain and fatigue, concentrating solely on the finish line.

Throughout the race, Kipchoge's pace was impressive. He maintained a pace of around 2 minutes 50 seconds per kilometre, well below the speed needed to break the two-hour barrier. The crowd, made up of thousands of spectators and fans from all over the world, cheered him on all the way.

As Kipchoge approached the finish line, he accelerated, breaking the two-hour barrier with a time of 1 hour, 59 minutes and 40.2 seconds. The crowd erupted in cheers, and Kipchoge raised his arms in victory, smiling broadly. He had achieved the impossible, breaking the two-hour barrier for the marathon.

However, it should be noted that this record was not homologated as the new official marathon world record due to the special conditions of the attempt, in particular the assistance of relay runners and cyclists. Nevertheless, this did not detract from Kipchoge's extraordinary feat, which demonstrated that human determination and science can push back the limits of human performance.

Eliud Kipchoge's success in Vienna inspired runners around the world and reinforced the belief in the power of surpassing oneself. His simple message that "No human being has any limits" has become a slogan for all those who aspire to excellence in their field.

Eliud Kipchoge is now a global running icon, and his spectacular attempt to break the two-hour barrier will forever be engraved in the history of the sport. It is a reminder that, even in the face of seemingly insurmountable challenges, perseverance, determination and faith in one's own abilities can lead to spectacular achievements.

ELIUD KIPCHOGE E A CORRIDA EM MENOS DE 2 HORAS

O homem que quebrou a barreira da maratona

Em 12 de outubro de 2019, o atleta queniano Eliud Kipchoge alcançou um feito espetacular ao quebrar a barreira das duas horas numa corrida de maratona em Viena, Áustria. Este acontecimento histórico não só estabeleceu um recorde de cortar a respiração, como também marcou um momento icónico na história da corrida, inspirando atletas e fãs do desporto em todo o mundo.

Eliud Kipchoge já era uma lenda da corrida antes de se lançar nesta extraordinária aventura. Nascido em 1984 no condado de Nandi, no Quénia, já tinha ganho várias medalhas de ouro olímpicas e títulos de campeão do mundo em várias corridas de longa distância. Kipchoge era considerado um dos melhores maratonistas de todos os tempos, mas aspirava a um feito ainda maior: correr uma maratona em menos de duas horas.

A barreira das duas horas era um objetivo que os corredores e os especialistas em corrida há muito consideravam inultrapassável. O recorde mundial oficial da maratona era de 2 horas, 1 minuto e 39 segundos, estabelecido pelo próprio Kipchoge na Maratona de Berlim de 2018. Correr uma maratona em menos de duas horas parecia uma missão impossível devido às exigências fisiológicas e às limitações de tempo.

No entanto, Kipchoge acreditava no seu mantra: "Nenhum ser humano é limitado". Juntou-se ao fabricante de equipamento desportivo Nike e a um grupo de especialistas em ciências do desporto para enfrentar este desafio aparentemente intransponível. A tentativa de quebrar a barreira das duas horas foi apelidada de Desafio INEOS 1:59.

Para atingir este objetivo, foi necessário reunir uma série de factores. Em primeiro lugar, o percurso tinha de ser o mais plano e o menos ventoso possível para otimizar o desempenho de Kipchoge. O local escolhido foi o Vienna Prater, um parque linear ao longo do Danúbio. Os organizadores seleccionaram meticulosamente um percurso plano e retilíneo de 9,6 quilómetros que Eliud Kipchoge teve de percorrer várias vezes.

Outro fator fundamental foi a estratégia de corrida. Kipchoge foi apoiado por uma equipa de corredores de estafetas de classe mundial, que formaram uma formação em "V" para reduzir a resistência do ar. Foi também escoltado por um carro com um ecrã que apresentava o ritmo de corrida ideal, baseado nos cálculos científicos mais avançados. Além disso, uma armada de ciclistas seguiu Kipchoge para lhe fornecer água e suplementos nutricionais sem abrandar a sua corrida.

A data da tentativa foi cuidadosamente escolhida para que as condições climatéricas fossem óptimas. O evento foi cuidadosamente planeado para ter lugar de manhã cedo, quando a temperatura estava mais baixa, para minimizar o risco de sobreaquecimento.

No Dia D, Eliud Kipchoge estava na sua melhor forma. Tinha dedicado meses a um treino intensivo e a uma preparação mental para esta tentativa histórica. O mundo inteiro estava à espera, com a respiração suspensa, para ver se ele conseguiria alcançar o impossível.

A corrida começou às 8h15, com Kipchoge a imprimir um ritmo constante e consistente. O atleta queniano correu com uma determinação inabalável, ignorando a dor e a fadiga, concentrando-se apenas na meta.

Durante toda a corrida, o ritmo de Kipchoge foi impressionante. Manteve um ritmo de cerca de 2 minutos e 50 segundos por quilómetro, muito abaixo da velocidade necessária para ultrapassar a barreira das duas horas. A multidão, composta por milhares de espectadores e adeptos de todo o mundo, aplaudiu-o durante todo o percurso.

Quando Kipchoge se aproximou da meta, acelerou, quebrando a barreira das duas horas com um tempo de 1 hora, 59 minutos e 40,2 segundos. O público aplaudiu e Kipchoge ergueu os braços em sinal de vitória, com um largo sorriso. Tinha conseguido o impossível, ultrapassando a barreira das duas horas na maratona.

No entanto, é de salientar que este recorde não foi homologado como o novo recorde mundial oficial da maratona devido às condições especiais da tentativa, em particular a assistência de corredores de estafetas e ciclistas. No entanto, este facto não diminuiu a extraordinária proeza de Kipchoge, que demonstrou que a determinação humana e a ciência podem ultrapassar os limites do desempenho humano.

O sucesso de Eliud Kipchoge em Viena inspirou corredores de todo o mundo e reforçou a crença no poder de nos superarmos a nós próprios. A sua mensagem simples de que "nenhum ser humano tem limites" tornou-se um slogan para todos aqueles que aspiram à excelência no seu domínio.

Eliud Kipchoge é agora um ícone mundial da corrida e a sua espetacular tentativa de quebrar a barreira das duas horas ficará para sempre gravada na história do desporto. É um lembrete de que, mesmo perante desafios aparentemente intransponíveis, a perseverança, a determinação e a fé nas próprias capacidades podem conduzir a feitos espectaculares.

3

THE PAINTING SWINDLE BY WOLFGANG BELTRACCHI (2011)

A German art forger reveals a world of deception and artifice

Wolfgang Beltracchi is a name that resonates in the art world for a very special reason: he is one of the most talented and prolific forgers in the history of art. Over the course of his career, Beltracchi has forged numerous famous works of art, selling them as authentic on the international art market and generating millions of dollars in profits in the process. His story is both fascinating and disturbing, revealing the shortcomings of the art market and the ability of certain individuals to manipulate and deceive the most experienced experts.

Born in Germany in 1951, Wolfgang Beltracchi developed his love of art from an early age. He trained as an artist and acquired an in-depth knowledge of the techniques and styles of the great masters of painting. However, his career as a professional artist did not achieve the success he had hoped for. It was at this point that he decided to take a much darker path.

Beltracchi's modus operandi was remarkably clever. He specialised in creating fake paintings that appeared to be lost or little-known works by famous artists such as Max Ernst, Fernand Léger, Heinrich Campendonk and many others. To give his forgeries greater credibility, Beltracchi used period materials and old pigments to faithfully reproduce the patina and texture of the original paintings. One of the keys to his success was his ability to imitate each artist's style perfectly, adapting his technique to create works that looked authentic. He also falsified artists' signatures with astonishing precision. Beltracchi and his partner, Helene, worked in tandem to whitewash the origin of paintings by fabricating false documents from private collectors or fictitious archives, creating a solid provenance for each work.

Over the years, Beltracchi has managed to sell many of his forgeries on the international art market. His works were exhibited in prestigious galleries, sold at auction and acquired by well-known collectors. Art experts were often

29

fooled by the quality of his work and the fake provenance of the paintings. The scandal broke in 2010, when one of his forgeries, a work attributed to Heinrich Campendonk, sold at auction at Christie's for over 2.8 million dollars. However, art experts began to doubt the authenticity of the painting and launched an in-depth investigation. Technical analysis and provenance research eventually revealed that the work was a fake.

When the German authorities began investigating Beltracchi, they discovered the extent of his artistic fraud. In 2011, Wolfgang Beltracchi and his partner Helene were arrested and charged with forgery, fraud and money laundering. The couple were charged with making and selling more than 300 fake paintings over the course of their careers, generating profits estimated at more than $45 million.

The trial of Wolfgang Beltracchi was widely covered by the media and highlighted the fragility of the art market in the face of counterfeiting. During the trial, Beltracchi explained his methods in detail, revealing the subtleties of his art of falsification. His skill at imitation was astounding, and he admitted to creating forgeries so convincing that it was sometimes difficult to distinguish his works from the originals.

Finally, in October 2011, Wolfgang Beltracchi was sentenced to six years in prison for his crimes, while his partner Helene received four years. Both were also forced to pay back the millions of dollars obtained from their fake paintings. The scandal shook the art world and sparked a debate about the flaws in the art market, particularly when it comes to verifying the authenticity of works.

The Beltracchi affair has had a lasting impact on the art industry, prompting experts to review their methods of verifying authenticity and strengthening provenance research protocols. It also sparked renewed interest in art forgeries and the ethical issues surrounding the falsification of works of art.

Ultimately, Wolfgang Beltracchi's story is a powerful reminder of the vulnerability of the art world to deception and the need for constant vigilance to protect the integrity of the world's artistic heritage. His ability to fool even the most seasoned art experts remains a striking example of the power of creativity, even when used for illegal purposes.

A FRAUDE DA PINTURA DE WOLFGANG BELTRACCHI (2011)

Um falsificador de arte alemão revela um mundo de enganos e artifícios

Wolfgang Beltracchi é um nome que ressoa no mundo da arte por uma razão muito especial: é um dos falsificadores mais talentosos e prolíficos da história da arte. Ao longo da sua carreira, Beltracchi falsificou inúmeras obras de arte famosas, vendendo-as como autênticas no mercado internacional da arte e gerando milhões de dólares em lucros no processo. A sua história é simultaneamente fascinante e perturbadora, revelando as deficiências do mercado da arte e a capacidade de certos indivíduos para manipular e enganar os peritos mais experientes.

Nascido na Alemanha em 1951, Wolfgang Beltracchi desenvolveu o seu amor pela arte desde muito cedo. Formou-se como artista e adquiriu um conhecimento profundo das técnicas e estilos dos grandes mestres da pintura. No entanto, a sua carreira como artista profissional não alcançou o sucesso que esperava. Foi nessa altura que decidiu seguir um caminho muito mais obscuro.

O modus operandi de Beltracchi era extremamente inteligente. Especializou-se na criação de pinturas falsas que pareciam ser obras perdidas ou pouco conhecidas de artistas famosos como Max Ernst, Fernand Léger, Heinrich Campendonk e muitos outros. Para dar maior credibilidade às suas falsificações, Beltracchi utilizava materiais de época e pigmentos antigos para reproduzir fielmente a pátina e a textura dos quadros originais. Uma das chaves do seu sucesso foi a sua capacidade de imitar na perfeição o estilo de cada artista, adaptando a sua técnica para criar obras que pareciam autênticas. Também falsificava as assinaturas dos artistas com uma precisão espantosa. Beltracchi e a sua sócia, Helene, trabalhavam em conjunto para branquear a origem dos quadros, fabricando documentos falsos de coleccionadores privados ou arquivos fictícios, criando uma proveniência sólida para cada obra.

Ao longo dos anos, Beltracchi conseguiu vender muitas das suas falsificações no mercado internacional da arte. As suas obras foram expostas em galerias de prestígio, vendidas em leilão e adquiridas por coleccionadores de renome. Os peritos em arte foram muitas vezes enganados pela qualidade do seu trabalho e pela falsa proveniência dos quadros. O escândalo rebentou em 2010, quando uma das suas falsificações, uma obra atribuída a Heinrich Campendonk, foi vendida em leilão na Christie's por mais de 2,8 milhões de dólares. No entanto, os peritos em arte começaram a duvidar da autenticidade do quadro e lançaram uma investigação aprofundada. A análise técnica e a investigação da proveniência acabaram por revelar que a obra era falsa.

Quando as autoridades alemãs começaram a investigar Beltracchi, descobriram a dimensão da sua fraude artística. Em 2011, Wolfgang Beltracchi e a sua companheira Helene foram detidos e acusados de falsificação, fraude e branqueamento de capitais. O casal foi acusado de fabricar e vender mais de 300 quadros falsos ao longo das suas carreiras, gerando lucros estimados em mais de 45 milhões de dólares.

O julgamento de Wolfgang Beltracchi foi amplamente divulgado pelos meios de comunicação social e pôs em evidência a fragilidade do mercado da arte face à contrafação. Durante o julgamento, Beltracchi explicou em pormenor os seus métodos, revelando as subtilezas da sua arte de falsificação. A sua habilidade na imitação era espantosa e admitiu ter criado falsificações tão convincentes que, por vezes, era difícil distinguir as suas obras dos originais.

Finalmente, em outubro de 2011, Wolfgang Beltracchi foi condenado a seis anos de prisão pelos seus crimes, enquanto a sua companheira Helene apanhou quatro anos. Ambos foram também obrigados a devolver os milhões de dólares obtidos com os seus quadros falsos. O escândalo abalou o mundo da arte e suscitou um debate sobre as falhas do mercado da arte, nomeadamente no que respeita à verificação da autenticidade das obras.

O caso Beltracchi teve um impacto duradouro na indústria da arte, levando os especialistas a rever os seus métodos de verificação da autenticidade e a reforçar os protocolos de investigação da proveniência. Despertou também um interesse renovado pelas falsificações de arte e pelas questões éticas que envolvem a falsificação de obras de arte.

Em última análise, a história de Wolfgang Beltracchi é uma poderosa chamada de atenção para a vulnerabilidade do mundo da arte ao engano e para a necessidade de uma vigilância constante para proteger a integridade do património artístico mundial. A sua capacidade de enganar até os mais experientes especialistas em arte continua a ser um exemplo notável do poder da criatividade, mesmo quando utilizada para fins ilegais.

4

THE THERANOS AFFAIR (2016):

The rise and fall of Elizabeth Holmes and the biotech company that rocked the healthcare world

Elizabeth Holmes was once considered one of the most promising and innovative figures in Silicon Valley. In 2003, aged just 19, she founded Theranos, a biotech company that claimed to revolutionise the world of blood testing with groundbreaking technology. However, in 2016, this vision collapsed when Holmes was charged with exaggerating the capabilities of her blood testing technology, which attracted significant investment despite insufficient evidence. The Theranos case became emblematic of fraud in the startup world and raised questions about healthcare industry regulation and entrepreneurial accountability.

The Theranos story began with an ambitious idea: to make blood tests faster, cheaper and more accessible. Elizabeth Holmes claimed that her revolutionary technology, dubbed "Edison", would enable hundreds of tests to be carried out from a single drop of blood taken from the tip of her finger. This tantalising promise quickly attracted the attention of investors, the media and the healthcare sector, and Theranos raised hundreds of millions of dollars in venture capital, reaching a valuation of several billion dollars.

However, from the outset, doubts began to emerge. Scientists and biotechnology experts raised questions about the scientific validity of Edison's technology, questioning the machine's ability to produce reliable results from a small amount of blood. In addition, the opacity surrounding Theranos' technology and Holmes' secrecy about exactly how the machine worked fuelled suspicion.

Despite growing concerns, Elizabeth Holmes has continued to promote Theranos as a revolutionary company and attract high-profile investors, including the likes of Rupert Murdoch, Larry Ellison and Betsy DeVos. The company has also signed partnerships with major pharmacy chains, promising to deploy its machines in hundreds of sites across the country.

Elizabeth Holmes' Theranos case really broke in 2015 when the Wall Street Journal published a series of investigative articles revealing inconsistencies and problems with Edison's technology. The newspaper's investigations showed that Theranos frequently used conventional laboratory machines to carry out most of its tests, instead of its revolutionary technology, and that the results were often unreliable. Company employees also expressed concerns about the quality of the tests.

Elizabeth Holmes quickly responded by defending Theranos' integrity and accusing the Wall Street Journal of defamation. However, investigations mounted, including from the Food and Drug Administration (FDA) and the Centers for Medicare and Medicaid Services (CMS), which revealed serious regulatory compliance issues at Theranos. In 2016, the FDA banned Holmes from running a medical laboratory for two years.

The collapse of Theranos was swift and brutal. The company has had to close its test centres, cancel partnerships and face a series of lawsuits from duped investors. In March 2018, Elizabeth Holmes and Ramesh 'Sunny' Balwani, the company's former chairman, were charged with criminal fraud and conspiracy to commit criminal fraud. The charges related to misleading investors, doctors and patients about the reliability of Theranos' technology.

The high-profile trial of Elizabeth Holmes began in September 2021, bringing to light the disturbing details of the alleged fraud. Prosecutors argued that Holmes had knowingly exaggerated the capabilities of Theranos' technology and misled investors by hiding the company's major technical problems. Testimony from former employees also revealed a toxic working environment, where pressure to maintain the company's façade was omnipresent.

During the trial, Elizabeth Holmes pleaded not guilty, stating that she had acted in good faith and believed in the validity of Theranos' technology. She stated that the company's failures were due to technical problems that had not been resolved in time. Defence lawyers sought to challenge the credibility of the prosecution witnesses and suggested that Holmes was an easy target because of her notoriety.

The trial lasted several months and was closely followed by the media and the public. Finally, in September 2021, the jury returned its verdict. Elizabeth Holmes was convicted of four counts of wire fraud and two counts of conspiracy to commit wire fraud. However, she was acquitted of four other counts of wire fraud. She now faces a prison sentence of up to 20 years.

The Theranos affair has had a significant impact on the world of technology, health and investment. It has highlighted the dangers of excessive corporate hyping, particularly in the biotechnology sector, where the stakes for public health and safety are high. She also raised questions about the regulation of healthcare startups and the need for increased oversight by regulators.

Ultimately, the Theranos affair is a powerful reminder of the importance of transparency, integrity and accountability in the business world. Elizabeth Holmes, once regarded as an entrepreneurial prodigy, saw her reputation plummet as a result of her alleged actions. Her story has become emblematic of how empty promises and exaggerated claims can lead to the downfall of a business and serious legal consequences.

O Caso Theranos (2016):

A ascensão e queda de Elizabeth Holmes e da empresa de biotecnologia que abalou o mundo dos cuidados de saúde

Elizabeth Holmes foi em tempos considerada uma das figuras mais promissoras e inovadoras de Silicon Valley. Em 2003, com apenas 19 anos, fundou a Theranos, uma empresa de biotecnologia que pretendia revolucionar o mundo das análises ao sangue com uma tecnologia inovadora. No entanto, em 2016, esta visão desmoronou-se quando Holmes foi acusada de exagerar as capacidades da sua tecnologia de análise ao sangue, que atraiu investimentos significativos apesar de provas insuficientes. O caso Theranos tornou-se emblemático da fraude no mundo das startups e levantou questões sobre a regulamentação do sector da saúde e a responsabilidade empresarial.

A história da Theranos começou com uma ideia ambiciosa: tornar as análises ao sangue mais rápidas, mais baratas e mais acessíveis. Elizabeth Holmes afirmava que a sua tecnologia revolucionária, apelidada de "Edison", permitiria a realização de centenas de análises a partir de uma única gota de sangue retirada da ponta do seu dedo. Esta promessa tentadora atraiu rapidamente a atenção dos investidores, dos meios de comunicação social e do sector da saúde, e a Theranos angariou centenas de milhões de dólares em capital de risco, atingindo uma avaliação de vários milhares de milhões de dólares.

No entanto, desde o início, começaram a surgir dúvidas. Cientistas e peritos em biotecnologia levantaram questões sobre a validade científica da tecnologia de Edison, questionando a capacidade da máquina para produzir resultados fiáveis a partir de uma pequena quantidade de sangue. Além disso, a opacidade em torno da tecnologia da Theranos e o secretismo de Holmes sobre a forma exacta como a máquina funcionava alimentaram as suspeitas.

Apesar das preocupações crescentes, Elizabeth Holmes continuou a promover a Theranos como uma empresa revolucionária e a atrair investidores de alto nível, incluindo nomes como Rupert Murdoch, Larry Ellison e Betsy DeVos. A empresa também assinou parcerias com grandes cadeias de farmácias, prometendo instalar as suas máquinas em centenas de locais em todo o país.

O caso Theranos, de Elizabeth Holmes, foi realmente descoberto em 2015, quando o Wall Street Journal publicou uma série de artigos de investigação que revelavam inconsistências e problemas com a tecnologia de Edison. As investigações do jornal mostraram que a Theranos utilizava frequentemente máquinas de laboratório convencionais para efetuar a maioria dos seus testes, em vez da sua tecnologia revolucionária, e que os resultados eram frequentemente pouco fiáveis. Os funcionários da empresa também expressaram preocupações sobre a qualidade dos testes.

Elizabeth Holmes respondeu rapidamente defendendo a integridade da Theranos e acusando o Wall Street Journal de difamação. No entanto, as investigações aumentaram, incluindo a da Food and Drug Administration (FDA) e dos Centers for Medicare and Medicaid Services (CMS), que revelaram graves problemas de conformidade regulamentar na Theranos. Em 2016, a FDA proibiu Holmes de gerir um laboratório médico durante dois anos.

O colapso da Theranos foi rápido e brutal. A empresa teve de encerrar os seus centros de testes, cancelar parcerias e enfrentar uma série de acções judiciais de investidores enganados. Em março de 2018, Elizabeth Holmes e Ramesh "Sunny" Balwani, o antigo presidente da empresa, foram acusados de fraude criminal e de conspiração para cometer fraude criminal. As acusações estavam relacionadas com o facto de terem enganado investidores, médicos e pacientes sobre a fiabilidade da tecnologia da Theranos.

O julgamento de alto nível de Elizabeth Holmes começou em setembro de 2021, trazendo à luz os pormenores perturbadores da alegada fraude. Os procuradores argumentaram que Holmes tinha conscientemente exagerado as capacidades da tecnologia da Theranos e enganado os investidores ao esconder os principais problemas técnicos da empresa. O testemunho de antigos funcionários também revelou um ambiente de trabalho tóxico, onde a pressão para manter a fachada da empresa era omnipresente.

Durante o julgamento, Elizabeth Holmes declarou-se inocente, afirmando que tinha agido de boa fé e acreditava na validade da tecnologia da Theranos. Afirmou que os fracassos da empresa se deviam a problemas técnicos que não tinham sido resolvidos a tempo. Os advogados de defesa procuraram contestar a credibilidade das testemunhas de acusação e sugeriram que Holmes era um alvo fácil devido à sua notoriedade.

O julgamento durou vários meses e foi seguido de perto pelos meios de comunicação social e pelo público. Finalmente, em setembro de 2021, o júri pronunciou o seu veredito. Elizabeth Holmes foi condenada por quatro acusações de fraude eletrónica e duas acusações de conspiração para cometer fraude eletrónica. No entanto, foi absolvida de quatro outras acusações de fraude eletrónica. Pode agora ser condenada a uma pena de prisão até 20 anos.

O caso Theranos teve um impacto significativo no mundo da tecnologia, da saúde e do investimento. Destacou os perigos da excessiva publicidade das empresas, em particular no sector da biotecnologia, onde os riscos para a saúde e segurança públicas são elevados. Levantou também questões sobre a regulamentação das empresas em fase de arranque no sector da saúde e a necessidade de uma maior supervisão por parte dos reguladores.

Em última análise, o caso Theranos é uma poderosa chamada de atenção para a importância da transparência, da integridade e da responsabilidade no mundo dos negócios. Elizabeth Holmes, outrora considerada um prodígio empresarial, viu a sua reputação cair a pique em resultado das suas alegadas acções. A sua história tornou-se emblemática da forma como promessas vazias e afirmações exageradas podem levar à queda de uma empresa e a graves consequências legais.

5

THE CASE OF CHINA'S ADULTERATED GOLD (2016)

Large-scale fraud has shaken confidence in gold

Gold has always fascinated mankind because of its rarity, beauty and intrinsic value. It has been used as a currency, a symbol of wealth and an investment asset for thousands of years. In China, the taste for gold has a rich and ancient history, but in 2016 the country was the scene of a major scam involving counterfeit gold. Counterfeit gold bars were discovered, where fraudsters had coated copper ingots with a thin layer of gold. These counterfeit ingots were sold to gullible investors at high prices, leading to financial consequences and a loss of confidence in the gold market.

The Chinese counterfeit gold affair revealed a sophisticated and organised fraud that shook the gold industry and raised concerns about the integrity of the market. The fraud highlighted the risks to which gold investors and collectors can be exposed, even in a country renowned for its gold production and trade. Gold has a particularly important place in Chinese culture as a symbol of wealth, prosperity and social status. Investments in gold, particularly in the form of bars, coins and jewellery, are very common in China, where demand for physical gold has traditionally been strong. This demand has been strengthened by the country's economic rise in recent decades, and many Chinese see gold as a solid form of investment and a hedge against inflation.

It was against this backdrop that fraudsters decided to exploit China's reverence for gold for their own gain. They devised an extremely ingenious counterfeiting operation that involved covering copper ingots with a thin layer of real gold. Gold is naturally very dense, which means that a small amount of pure gold can cover a large area. Fraudsters used cheap copper as the base material, then applied a thin layer of gold by electroplating.

The exterior of the resulting ingots was real gold, making them almost indistinguishable from genuine gold ingots. They had the weight, dimensions and appearance of a standard gold ingot. However, the inside of the ingot was made of copper, which meant that it was worth only a fraction of the value of a real gold ingot.

To make the scam even more credible, the fraudsters stamped the fake ingots with marks and serial numbers, imitating standard gold smelting practices. They then introduced them onto the Chinese gold market, where they were bought by investors, collectors and even financial institutions who thought they were acquiring genuine gold.

The scam worked for a while, as buyers were often convinced of the validity of the bars. The fact that the exterior was made of real gold fooled people, and the fraudsters were able to sell these fake bars at prices close to those of genuine gold bars. They also benefited from the growing demand for gold in China due to global economic uncertainty and the traditional appeal of gold as a safe investment. However, in 2016, the scam began to reveal itself. Several investors discovered that their gold bars, which they had bought at a premium, were in fact counterfeit. This discovery caused a wave of concern among investors in China and prompted an in-depth government investigation.

The Chinese authorities quickly identified the culprits and made arrests. Several people involved in the fraud were apprehended, including manufacturers of counterfeit ingots, resellers and intermediaries. The investigation also revealed the existence of sophisticated distribution networks that had facilitated the sale of counterfeit ingots throughout the country.

When the true scale of the scam was revealed, it had a significant impact on confidence in the Chinese gold market. Many investors began to question the authenticity of their own bullion, and the gold industry was forced to take steps to strengthen the security and traceability of its products.

The Chinese authorities have also tightened regulations on the gold market, requiring stricter supervision of transactions and imposing higher quality standards for gold products. This increased regulation was aimed at protecting investors and restoring confidence in the gold market.

The Chinese counterfeit gold affair has highlighted the risks associated with investing in physical assets, even gold, an asset traditionally considered to be safe. It has reminded investors of the importance of due diligence and verification of the authenticity of gold products, particularly in a market where demand is high and opportunities for fraud are present.

Ultimately, China's fake gold scam has had a lasting impact on the country's gold market, while serving as a warning of the sophisticated scams that can spring up even in the most established markets. It serves as a reminder that, whatever the intrinsic value of an asset, it is essential to exercise caution and vigilance when making any financial investment.

O CASO DO OURO ADULTERADO DA CHINA (2016)

A fraude em grande escala abalou a confiança no ouro

O ouro sempre fascinou a humanidade devido à sua raridade, beleza e valor intrínseco. Há milhares de anos que é utilizado como moeda, símbolo de riqueza e ativo de investimento. Na China, o gosto pelo ouro tem uma história rica e antiga, mas em 2016 o país foi palco de uma grande burla envolvendo ouro contrafeito. Foram descobertas barras de ouro falsificadas, em que os burlões tinham revestido lingotes de cobre com uma fina camada de ouro. Estes lingotes falsificados foram vendidos a investidores crédulos a preços elevados, o que teve consequências financeiras e levou a uma perda de confiança no mercado do ouro.

O caso do ouro de contrafação chinês revelou uma fraude sofisticada e organizada que abalou o sector do ouro e suscitou preocupações quanto à integridade do mercado. A fraude pôs em evidência os riscos a que os investidores e coleccionadores de ouro podem estar expostos, mesmo num país conhecido pela sua produção e comércio de ouro. O ouro ocupa um lugar particularmente importante na cultura chinesa como símbolo de riqueza, prosperidade e estatuto social. Os investimentos em ouro, nomeadamente sob a forma de barras, moedas e jóias, são muito comuns na China, onde a procura de ouro físico tem sido tradicionalmente forte. Esta procura foi reforçada pela ascensão económica do país nas últimas décadas, e muitos chineses vêem o ouro como uma forma sólida de investimento e uma proteção contra a inflação.

Foi neste contexto que os autores de fraudes decidiram explorar a reverência da China pelo ouro em proveito próprio. Conceberam uma operação de contrafação extremamente engenhosa que consistia em cobrir os lingotes de cobre com uma fina camada de ouro verdadeiro. O ouro é naturalmente muito denso, o que significa que uma pequena quantidade de ouro puro pode cobrir uma grande área. Os burlões utilizavam cobre barato como material de base, aplicando depois uma fina camada de ouro por galvanoplastia.

O exterior dos lingotes resultantes era de ouro verdadeiro, tornando-os quase indistinguíveis dos lingotes de ouro genuínos. Tinham o peso, as dimensões e a aparência de um lingote de ouro normal. No entanto, o interior do lingote era feito de cobre, o que significava que valia apenas uma fração do valor de um lingote de ouro verdadeiro.

Para tornar o esquema ainda mais credível, os autores da fraude carimbaram os lingotes falsos com marcas e números de série, imitando as práticas normais de fundição de ouro. Em seguida, introduziram-nos no mercado chinês do ouro, onde foram comprados por investidores, coleccionadores e até instituições financeiras que pensavam estar a adquirir ouro genuíno.

O esquema funcionou durante algum tempo, uma vez que os compradores eram frequentemente convencidos da validade das barras. O facto de o exterior ser feito de ouro verdadeiro enganava as pessoas, e os burlões conseguiam vender estas barras falsas a preços próximos dos das barras de ouro genuínas. Beneficiavam também da crescente procura de ouro na China, devido à incerteza económica mundial e ao apelo tradicional do ouro como investimento seguro. No entanto, em 2016, o esquema começou a revelar-se. Vários investidores descobriram que as suas barras de ouro, que tinham comprado a prémio, eram de facto falsas. Esta descoberta causou uma onda de preocupação entre os investidores na China e levou a uma investigação governamental aprofundada.

As autoridades chinesas identificaram rapidamente os culpados e procederam a detenções. Foram detidas várias pessoas envolvidas na fraude, incluindo fabricantes de lingotes contrafeitos, revendedores e intermediários. A investigação revelou igualmente a existência de redes de distribuição sofisticadas que facilitaram a venda de lingotes contrafeitos em todo o país.

Quando a verdadeira dimensão da fraude foi revelada, teve um impacto significativo na confiança no mercado chinês do ouro. Muitos investidores começaram a questionar a autenticidade das suas próprias barras de ouro e a indústria do ouro foi forçada a tomar medidas para reforçar a segurança e a rastreabilidade dos seus produtos.

As autoridades chinesas também reforçaram a regulamentação do mercado do ouro, exigindo uma supervisão mais rigorosa das transacções e impondo normas de qualidade mais elevadas para os produtos de ouro. Esta regulamentação reforçada tinha como objetivo proteger os investidores e restaurar a confiança no mercado do ouro.

O caso da contrafação de ouro na China pôs em evidência os riscos associados ao investimento em activos físicos, mesmo em ouro, um ativo tradicionalmente considerado seguro. Recordou aos investidores a importância da devida diligência e da verificação da autenticidade dos produtos em ouro, em especial num mercado onde a procura é elevada e existem oportunidades de fraude.

Em última análise, a fraude do ouro falso na China teve um impacto duradouro no mercado do ouro do país, servindo ao mesmo tempo de aviso para as fraudes sofisticadas que podem surgir mesmo nos mercados mais estabelecidos. Serve para lembrar que, qualquer que seja o valor intrínseco de um ativo, é essencial ter cuidado e vigilância ao fazer qualquer investimento financeiro.

6

THE STANFORD INVESTMENT COMPANY SCAM (2009)

The collapse of a financial empire and the conviction of Allen Stanford

The 2009 Stanford investment scam is one of the biggest financial scandals of the first decade of the 21st century. It shook investor confidence, exposed flaws in financial regulation and led to the conviction of Allen Stanford, a once-powerful financier, for masterminding a $7 billion fraud by selling fake certificates of deposit (CDs) to investors.

Allen Stanford was a charismatic and ambitious entrepreneur from Texas. He founded the Stanford Financial Group, a financial services company based in

Houston, Texas, which included the Stanford International Bank, based in Antigua and Barbuda.

The company presented itself as an alternative to the big banks, promising high and stable returns thanks to its certificates of deposit.

The key to this massive fraud was the use of CDs, a well-known financial instrument generally regarded as safe. Investors were lured by the promise of high returns, but Allen Stanford and his associates were actually selling them counterfeit CDs. They claimed that the investments were placed in safe and liquid bank accounts, but in reality much of the money was used to fuel the lavish lifestyles of Stanford and his entourage, as well as risky investments and loans to associated companies.

The scam was sophisticated and well orchestrated. Stanford had set up a network of intermediaries and brokers who actively sold the counterfeit CDs around the world, primarily targeting individual and corporate investors. They used aggressive marketing tactics and promoted the safety of investments by using Antigua and Barbuda as a base, where regulation was lax and supervision virtually non-existent.

Investors were convinced that their funds were safe, and Stanford provided false performance reports claiming that their investments were growing steadily. This illusion of financial stability allowed the scam to continue for years, attracting thousands of customers and accumulating billions of dollars.

However, in 2008, warning signs of fraud began to emerge. Journalistic investigations questioned the viability of the returns offered by Stanford Financial Group and raised doubts about the company's transparency. The Securities and Exchange Commission (SEC), the US financial markets regulator, also began investigating Stanford's activities.

The real shock came in February 2009, when the US authorities filed a civil suit against Allen Stanford and several of his associates, accusing them of massive fraud and violation of securities laws. This led to the seizure of their assets and the bankruptcy of Stanford Financial Group.

The scandal had devastating repercussions. Thousands of investors were left with lost savings, and many Stanford-affiliated companies went bankrupt. The economic impact was particularly felt in Antigua and Barbuda, where Stanford International Bank was one of the main employers and a major player in the local economy.

Investigations into the fraud revealed the shocking extent of the deception. The authorities discovered that investors' funds had been used to finance property purchases, yachts, private jets and other luxuries for Stanford and his relatives. In addition, the money had been invested in risky and unprofitable ventures, rather than in the safe and liquid investments promised to investors.

The Allen Stanford trial was a major media event. It began in 2012, and the defendant denied all the charges against him. Testimony from victims, Stanford Financial Group employees and financial experts provided a damning picture of the company's fraudulent operations.

One of the most convincing pieces of evidence was a video recording of Stanford himself, in which he appeared to confess to the fraud. In a tense confrontation with SEC investigators, he admitted that he had not disclosed the true nature of his investments to the public. This evidence had a devastating impact on his defence.

In 2012, Allen Stanford was convicted on 13 counts, including fraud, conspiracy and obstruction of justice. He was sentenced to 110 years in prison in June 2012. His sentence was symbolic, as he was 62 at the time and had no chance of getting out of prison in his lifetime. The court also ordered him to pay a fine of more than $5 billion, with the aim of reimbursing some of the losses suffered by investors.

The Stanford investment company scam has had lasting implications for the world of finance and regulation. It highlighted gaps in the oversight of financial regulators and reinforced the need to protect investors from fraud. The case also drew attention to the importance of financial transparency and due diligence when selecting investments.

Ultimately, the story of Allen Stanford and his investment firm is a powerful warning against greed and fraud in the world of finance. It reminds investors and regulators that even seemingly successful entrepreneurs can turn out to be skilled fraudsters. The Stanford affair remains one of the darkest chapters in modern financial history, a stark reminder of the consequences of deception on a massive scale.

A BURLA DA SOCIEDADE DE INVESTIMENTO STANFORD (2009)

O colapso de um império financeiro e a condenação de Allen Stanford

O esquema de investimento Stanford de 2009 é um dos maiores escândalos financeiros da primeira década do século XXI. Abalou a confiança dos investidores, expôs falhas na regulamentação financeira e levou à condenação de Allen Stanford, um financeiro outrora poderoso, por ter planeado uma fraude de 7 mil milhões de dólares ao vender certificados de depósito (CD) falsos aos investidores.

Allen Stanford era um empresário carismático e ambicioso do Texas. Fundou o Stanford Financial Group, uma empresa de serviços financeiros sediada em Houston,

Texas, que incluía o Stanford International Bank, sediado em Antígua e Barbuda.

A empresa apresentou-se como uma alternativa aos grandes bancos, prometendo rendimentos elevados e estáveis graças aos seus certificados de depósito.

A chave para esta fraude maciça foi a utilização de CD, um instrumento financeiro bem conhecido e geralmente considerado seguro. Os investidores foram atraídos pela promessa de rendimentos elevados, mas Allen Stanford e os seus associados estavam na realidade a vender-lhes CD falsos. Alegavam que os investimentos eram colocados em contas bancárias seguras e líquidas, mas, na realidade, grande parte do dinheiro era utilizado para alimentar o estilo de vida luxuoso de Stanford e da sua comitiva, bem como investimentos de risco e empréstimos a empresas associadas.

O esquema era sofisticado e bem orquestrado. Stanford tinha criado uma rede de intermediários e corretores que vendiam ativamente os CD falsificados em todo o mundo, visando principalmente investidores individuais e empresariais. Utilizavam tácticas de marketing agressivas e promoviam a segurança dos investimentos utilizando Antígua e Barbuda como base, onde a regulamentação era pouco rigorosa e a supervisão praticamente inexistente.

Os investidores estavam convencidos de que os seus fundos estavam seguros e Stanford fornecia relatórios de desempenho falsos, afirmando que os seus investimentos estavam a crescer de forma constante. Esta ilusão de estabilidade financeira permitiu que a fraude continuasse durante anos, atraindo milhares de clientes e acumulando milhares de milhões de dólares.

No entanto, em 2008, começaram a surgir sinais de fraude. Investigações jornalísticas questionaram a viabilidade dos retornos oferecidos pelo Stanford Financial Group e levantaram dúvidas sobre a transparência da empresa. A Securities and Exchange Commission (SEC), a entidade reguladora dos mercados financeiros dos EUA, também começou a investigar as actividades de Stanford.

O verdadeiro choque veio em fevereiro de 2009, quando as autoridades norte-americanas instauraram um processo civil contra Allen Stanford e vários dos seus associados, acusando-os de fraude maciça e de violação das leis relativas aos valores mobiliários. Esta ação levou à apreensão dos seus bens e à falência do Stanford Financial Group.

O escândalo teve repercussões devastadoras. Milhares de investidores perderam as suas poupanças e muitas empresas associadas ao Stanford foram à falência. O impacto económico foi particularmente sentido em

Antígua e Barbuda, onde o Stanford International Bank era um dos principais empregadores e um dos principais actores da economia local.

As investigações sobre a fraude revelaram a dimensão chocante do logro. As autoridades descobriram que os fundos dos investidores tinham sido utilizados para financiar a compra de propriedades, iates, jactos privados e outros luxos para Stanford e os seus familiares. Para além disso, o dinheiro tinha sido investido em empreendimentos arriscados e não rentáveis, em vez dos investimentos seguros e líquidos prometidos aos investidores.

O julgamento de Allen Stanford foi um grande acontecimento mediático. Começou em 2012 e o arguido negou todas as acusações que lhe foram feitas. O testemunho das vítimas, dos funcionários do Stanford Financial Group e de peritos financeiros forneceu uma imagem condenatória das operações fraudulentas da empresa.

Uma das provas mais convincentes foi uma gravação de vídeo do próprio Stanford, na qual ele parecia confessar a fraude. Num confronto tenso com os investigadores da SEC, admitiu que não tinha revelado ao público a verdadeira natureza dos seus investimentos. Esta prova teve um impacto devastador na sua defesa.

Em 2012, Allen Stanford foi condenado por 13 acusações, incluindo fraude, conspiração e obstrução à justiça. Foi condenado a 110 anos de prisão em junho de 2012. A sentença foi simbólica, uma vez que tinha 62 anos na altura e não tinha qualquer hipótese de sair da prisão durante a sua vida. O tribunal também o condenou a pagar uma multa de mais de 5 mil milhões de dólares, com o objetivo de reembolsar parte das perdas sofridas pelos investidores.

A fraude da sociedade de investimento Stanford teve implicações duradouras no mundo das finanças e da regulamentação. Destacou lacunas na supervisão dos reguladores financeiros e reforçou a necessidade de proteger os investidores contra a fraude. O caso também chamou a atenção para a importância da transparência financeira e da devida diligência na seleção dos investimentos.

Em última análise, a história de Allen Stanford e da sua empresa de investimento é um poderoso aviso contra a ganância e a fraude no mundo das finanças. Recorda aos investidores e às entidades reguladoras que mesmo os empresários aparentemente bem sucedidos podem revelar-se habilidosos burlões. O caso Stanford continua a ser um dos capítulos mais sombrios da história financeira moderna, uma recordação clara das consequências da fraude em grande escala.

7

THE DISCOVERY OF THE
STAFFORDSHIRE TREASURE

The priceless Anglo-Saxon heritage

The Story of the Staffordshire Treasure is a spectacular tale of archaeological discovery that has captivated the world and revealed a priceless treasure trove, offering a fascinating insight into Anglo-Saxon culture and history. In September 2009, a man named Terry Herbert made an extraordinary discovery with a metal detector in a field in Staffordshire, England, that would shock the archaeological community and reveal a treasure that had been hidden for more than 1,300 years.

Terry Herbert, a keen archaeology enthusiast, had been scouring the English countryside for hidden treasures for years. One day, while prospecting in a field with his metal detector, he received an exceptionally strong signal. Digging in the spot he discovered a metal object encrusted with precious stones. It was the start of a series of discoveries that would change his life and his understanding of British history.

Terry Herbert had discovered a large number of gold and silver objects, magnificently worked and adorned with gems. The objects seemed to belong to an ancient era, but he had no idea of the true significance of his discovery. He quickly contacted the local authorities and archaeologists to report his find. The archaeologists were stunned by the scale of the find. Excavating the site, they unearthed a treasure trove of over 3,500 precious metal objects, including jewellery, weapons, utensils and coins. Most of these objects were of Anglo-Saxon origin, dating from the 7th century, a time when the Anglo-Saxon kingdoms were in constant conflict.

Among the treasure's highlights were a magnificently ornate sword, richly decorated horse harnesses and an astonishing gold cross encrusted with gems. Each object was a work of art in itself, testifying to the skill and talent of the craftsmen of the time.

The entire Staffordshire treasure has been carefully examined and dated by archaeologists and historical experts. It has been confirmed as one of the most important treasures ever found in Britain. The objects were incredibly well preserved due to the way they had been buried, with some still shining as if they had been made recently.

The historical significance of the discovery was immense. It provided valuable insight into the Anglo-Saxon period, a time when England was divided into several rival kingdoms. The Staffordshire hoard suggested that these objects were probably ritual offerings or votive deposits deliberately hidden in the ground, perhaps in honour of the gods or to seal a pact.

The discovery has also raised questions about the identity of the people who created these objects and the significance of their complex symbolism. Archaeologists and historians have worked tirelessly to study the objects and elucidate their historical context.

The fame of the Staffordshire treasure quickly spread around the world, attracting visitors from all over the globe. The objects were exhibited in several British museums, including the British Museum in London, where they were admired by millions of people. The discovery also sparked a renewed interest in Anglo-Saxon history and contributed to a better understanding of this crucial period in British history.

In 2010, the Staffordshire treasure was declared a national treasure, meaning that it belonged to the British nation. The objects were valued at several million pounds, but their historical and cultural value was incalculable.

The discovery of the Staffordshire treasure will forever stand as a spectacular testament to British history and the ingenuity of the Anglo-Saxon people. It is a reminder that, even in a modern world, treasures buried for centuries can be discovered by passionate amateurs and have the power to change our understanding of history. This story is a reminder of the richness of our cultural heritage and the importance of preserving it for future generations.

A DESCOBERTA DO TESOURO DE STAFFORDSHIRE

O inestimável património anglo-saxónico

A História do Tesouro de Staffordshire é uma história espetacular de descoberta arqueológica que cativou o mundo e revelou um tesouro de valor incalculável, oferecendo uma visão fascinante da cultura e da história anglo-saxónicas. Em setembro de 2009, um homem chamado Terry Herbert fez uma descoberta extraordinária com um detetor de metais num campo em Staffordshire, Inglaterra, que iria chocar a comunidade arqueológica e revelar um tesouro que tinha estado escondido durante mais de 1300 anos.

Terry Herbert, um entusiasta da arqueologia, andava há anos a vasculhar o campo inglês em busca de tesouros escondidos. Um dia, enquanto prospectava num campo com o seu detetor de metais, recebeu um sinal excecionalmente forte. Ao escavar no local, descobriu um objeto de metal incrustado de pedras preciosas. Foi o início de uma série de descobertas que viriam a mudar a sua vida e a sua compreensão da história britânica.

Terry Herbert tinha descoberto um grande número de objectos de ouro e prata, magnificamente trabalhados e adornados com pedras preciosas. Os objectos pareciam pertencer a uma época antiga, mas ele não fazia ideia do verdadeiro significado da sua descoberta. Rapidamente contactou as autoridades locais e os arqueólogos para comunicar a sua descoberta. Os arqueólogos ficaram surpreendidos com a dimensão do achado. Escavando o local, desenterraram um tesouro de mais de 3500 objectos de metal precioso, incluindo jóias, armas, utensílios e moedas. A maioria destes objectos era de origem anglo-saxónica, datando do século VII, uma época em que os reinos anglo-saxónicos estavam em constante conflito.

Entre os objectos mais importantes do tesouro, destacam-se uma espada magnificamente ornamentada, arreios de cavalos ricamente decorados e uma espantosa cruz de ouro incrustada de pedras preciosas. Cada objeto era uma obra de arte em si mesmo, testemunhando a perícia e o talento dos artesãos da época.

A totalidade do tesouro de Staffordshire foi cuidadosamente examinada e datada por arqueólogos e especialistas em história. Foi confirmado como um dos tesouros mais importantes alguma vez encontrados na Grã-Bretanha. Os objectos estavam incrivelmente bem preservados devido à forma como tinham sido enterrados, sendo que alguns ainda brilhavam como se tivessem sido feitos recentemente.

O significado histórico da descoberta foi imenso. Forneceu informações valiosas sobre o período anglo-saxónico, uma época em que a Inglaterra estava dividida em vários reinos rivais. O tesouro de Staffordshire sugere que estes objectos eram provavelmente oferendas rituais ou depósitos votivos deliberadamente escondidos no solo, talvez em honra dos deuses ou para selar um pacto.

A descoberta também levantou questões sobre a identidade das pessoas que criaram estes objectos e o significado do seu complexo simbolismo. Arqueólogos e historiadores têm trabalhado incansavelmente para estudar os objectos e elucidar o seu contexto histórico.

A fama do tesouro de Staffordshire espalhou-se rapidamente pelo mundo, atraindo visitantes de todo o globo. Os objectos foram expostos em vários museus britânicos, incluindo o British Museum, em Londres, onde foram admirados por milhões de pessoas. A descoberta também despertou um interesse renovado pela história anglo-saxónica e contribuiu para uma melhor compreensão deste período crucial da história britânica.

Em 2010, o tesouro de Staffordshire foi declarado tesouro nacional, o que significa que pertencia à nação britânica. Os objectos foram avaliados em vários milhões de libras, mas o seu valor histórico e cultural era incalculável.

A descoberta do tesouro de Staffordshire ficará para sempre como um testemunho espetacular da história britânica e do engenho do povo anglo-saxónico. É uma recordação de que, mesmo num mundo moderno, os tesouros enterrados durante séculos podem ser descobertos por amadores apaixonados e têm o poder de mudar a nossa compreensão da história. Esta história recorda a riqueza do nosso património cultural e a importância de o preservar para as gerações futuras.

8

THE ROBBERY OF THE
CENTURY IN ENGLAND

The Incredible Bank of England
Robbery in 1950

On 2 January 1952, the Bank of England was the scene of a daring and spectacular robbery that would become one of the most famous heists in British history. The meticulously devised plan and flawless execution of this robbery intrigued the world and created a legend around the thieves, nicknamed the "Robins Hoods of the Bank of England".

The Bank of England, located in the heart of the City of London, was considered one of the most secure financial institutions in the world. It held billions of pounds in cash, gold bullion and securities. However, a group of determined thieves hatched a complex plan to break into this financial fortress and steal a considerable sum of money.

The mastermind behind the robbery was a man called Leonard 'Lennie' Field, an experienced criminal. He had recruited a team of talented criminals, including a locksmith, an explosives expert and a helicopter pilot. The plan was to rob the bank using a helicopter.

First, the thieves carried out a thorough reconnaissance of the bank. They measured the distance between the roof of the bank and the surface of the street, preparing the ground for the helicopter landing. They also studied the security guards' schedules and the bank's routine.

On the day of the robbery, the gang boarded a stolen helicopter, a Bell 47 modified for the occasion. They took off discreetly from the outskirts of London and headed for the

Bank of England. The pilot, a man called "Stan", used his experience to make a perfectly calculated landing on the roof of the bank, between the chimneys and the cornices.

Once on the roof, the robbers used explosives to blow up a solid steel door leading inside the bank. They were armed and wore masks to conceal their identities. The gang knew they had little time, as the authorities could be alerted at any moment.

After getting inside, the thieves headed for the bank's treasury, where the banknotes and gold bars were kept. They filled hessian sacks with banknotes and bullion, then returned to the helicopter. The whole operation took less than 30 minutes.

Meanwhile, the police had been alerted by witnesses who had seen the helicopter land on the roof of the bank. Police cars and motorcyclists converged on the bank, but the robbers had a well thought-out escape plan. After taking the bags full of cash and gold, they took off from the bank, flying low over London to avoid radar detection.

They then headed for the outskirts of the town, where an accessory van was waiting to collect the loot. After transferring the cash and gold to the van, the gang continued their escape across the English countryside.

Meanwhile, the police launched a major search operation, mobilising helicopters and ground patrols in an attempt to locate the escaped thieves.

However, the gang were well ahead of them and had a well-developed escape plan. Eventually, the thieves abandoned the helicopter and continued their escape by car. They left the helicopter abandoned in a field, hoping to cover their tracks. The gang managed to elude the authorities and go underground.

The scale of the theft was soon revealed, and the media around the world followed the case with great interest. The British police launched a major investigation to track down the thieves, but despite their efforts, the gang remained elusive.

Eventually, the investigation died down and the gang managed to keep the loot hidden. The Bank of England robbery remained unsolved for decades, becoming a legend in the criminal world. It is not known exactly how much silver and gold was stolen that day, but it is estimated that the value exceeded several million pounds.

The story of the Bank of England robbery is a classic example of organised crime and meticulous planning. The thieves used determination, ingenuity and daring to pull off what has become one of the most daring and notorious robberies in history. Despite the efforts of the authorities, the culprits were never identified or arrested, leaving the case shrouded in mystery and fascination for future generations.

O ROUBO DO SÉCULO EM INGLATERRA

O incrível assalto ao Banco de Inglaterra em 1950

Em 2 de janeiro de 1952, o Banco de Inglaterra foi palco de um assalto audacioso e espetacular que se tornaria um dos mais famosos roubos da história britânica. O plano meticulosamente concebido e a execução impecável deste assalto intrigaram o mundo e criaram uma lenda em torno dos ladrões, apelidados de "Robins Hoods do Banco de Inglaterra".

O Banco de Inglaterra, situado no coração da cidade de Londres, era considerado uma das instituições financeiras mais seguras do mundo. Detinha milhares de milhões de libras em dinheiro, barras de ouro e títulos. No entanto, um grupo de ladrões determinados elaborou um plano complexo para invadir esta fortaleza financeira e roubar uma soma considerável de dinheiro.

O mentor do assalto era um homem chamado Leonard "Lennie" Field, um criminoso experiente. Ele tinha recrutado uma equipa de criminosos talentosos, incluindo um serralheiro, um perito em explosivos e um piloto de helicóptero. O plano era roubar o banco com um helicóptero.

Primeiro, os ladrões efectuaram um reconhecimento minucioso do banco. Mediram a distância entre o telhado do banco e a superfície da rua, preparando o terreno para a aterragem do helicóptero. Também estudaram os horários dos seguranças e a rotina do banco.

No dia do assalto, o bando embarcou num helicóptero roubado, um Bell 47 modificado para a ocasião. Descolaram discretamente dos arredores de Londres e dirigiram-se para o

Banco de Inglaterra. O piloto, um homem chamado "Stan", usou a sua experiência para fazer uma aterragem perfeitamente calculada no telhado do banco, entre as chaminés e as cornijas.

Uma vez no telhado, os ladrões usaram explosivos para rebentar uma porta de aço sólida que conduzia ao interior do banco. Estavam armados e usavam máscaras para ocultar as suas identidades. O bando sabia que tinha pouco tempo, pois as autoridades poderiam ser alertadas a qualquer momento.

Depois de entrarem, os ladrões dirigiram-se à tesouraria do banco, onde estavam guardadas as notas e as barras de ouro. Encheram sacos de juta com notas e barras de ouro e regressaram ao helicóptero. Toda a operação demorou menos de 30 minutos.

Entretanto, a polícia tinha sido alertada por testemunhas que tinham visto o helicóptero aterrar no telhado do banco. Carros da polícia e motociclistas convergiram para o banco, mas os ladrões tinham um plano de fuga bem planeado. Depois de levarem os sacos cheios de dinheiro e ouro, descolaram do banco, voando baixo sobre Londres para evitar a deteção por radar.

Dirigiram-se então para os arredores da cidade, onde uma carrinha de acessórios estava à espera para recolher o saque. Depois de transferirem o dinheiro e o ouro para a carrinha, o bando continuou a sua fuga pelo interior da Inglaterra.

Entretanto, a polícia lançou uma grande operação de busca, mobilizando helicópteros e patrulhas terrestres na tentativa de localizar os ladrões em fuga.

No entanto, o bando estava bem à frente deles e tinha um plano de fuga bem elaborado. Por fim, os ladrões abandonaram o helicóptero e continuaram a sua fuga de carro. Deixaram o helicóptero abandonado num campo, na esperança de encobrir o seu rasto. O bando conseguiu iludir as autoridades e entrar na clandestinidade.

A dimensão do roubo foi rapidamente revelada e os meios de comunicação social de todo o mundo seguiram o caso com grande interesse. A polícia britânica lançou uma grande investigação para encontrar os ladrões, mas, apesar dos seus esforços, o bando continuou a ser esquivo.

Eventualmente, a investigação foi interrompida e o bando conseguiu manter o saque escondido. O assalto ao Banco de Inglaterra permaneceu sem solução durante décadas, tornando-se uma lenda no mundo do crime. Não se sabe exatamente quanta prata e ouro foram roubados nesse dia, mas estima-se que o valor tenha ultrapassado vários milhões de libras.

A história do assalto ao Banco de Inglaterra é um exemplo clássico de crime organizado e de planeamento meticuloso. Os ladrões usaram determinação, engenho e ousadia para levar a cabo aquele que se tornou um dos roubos mais ousados e notórios da história. Apesar dos esforços das autoridades, os culpados nunca foram identificados ou presos, deixando o caso envolto em mistério e fascínio para as gerações futuras.

9

BERTRAND PICCARD AND BRIAN JONES' ROUND-THE-WORLD BALLOON TRIP

An epic adventure in the skies of 1999

In 1999, the world witnessed a daring and unprecedented feat when two men, Bertrand Piccard and Brian Jones, achieved what seemed impossible: a non-stop round-the-world balloon flight. This extraordinary adventure lasted 19 days and covered more than 40,000 kilometres, pushing back the limits of technology, human endurance and imagination.

Bertrand Piccard, a Swiss doctor, and Brian Jones, a former captain in the British army, were both adventurers with a passion for aviation and the conquest of the skies. For years they dreamed of flying around the world in a balloon, a challenge that had eluded many adventurers in the past because of its complexity and considerable risks.

Their dream became a reality thanks to the Breitling Orbiter 3 project, named after the main sponsor, the famous Swiss watch brand Breitling. The project has been meticulously prepared over several years, bringing together a team of experts in aerostatics, meteorology, navigation and technology to guarantee the safety and feasibility of the journey.

The balloon used for this adventure was a veritable monster of the air, measuring around 55 metres in height - the equivalent of an 18-storey building - and had a gas capacity of over 10,000 cubic metres. This immense balloon was specially designed to withstand the rigours of the trip around the world, capable of withstanding altitudes of up to 12,000 metres.

The start of this unforgettable epic took place on 1 March 1999, from the Swiss town of Château-d'Œx. Thousands of spectators gathered to watch the Breitling Orbiter 3 soar through the skies. The crew included Bertrand Piccard, Brian Jones and a ground support team dedicated to safety and navigation. The two adventurers were prepared to face freezing temperatures, strong winds, unpredictable weather conditions and total isolation during their journey.

Their route took them through Europe, Asia, the South Pacific, South America, the Atlantic and finally Western Europe again. They flew over majestic mountains, arid deserts, vast oceans and impenetrable forests. Their maximum altitude was around 12,000 metres, and their cruising speed was around 160 kilometres an hour.

The balloon trip was a challenge on every level. In addition to the unstable weather conditions and inevitable turbulence, Bertrand and Brian had to manage oxygen consumption at high altitudes, maintain thermal equilibrium on board the balloon, and carefully ration their food and water. They slept in short intervals, as constant attention to navigation was crucial to avoid storm zones and high-risk areas.

The ground crew played an essential role in the success of the trip. They followed the balloon from the ground and were responsible for coordinating with the aviation authorities, communicating with the media and providing real-time weather information. Every decision was crucial, as Bertrand and Brian's safety depended on precise navigation.

One of the most critical moments of the trip was the crossing of the South Pacific. This stage was particularly dangerous as there were no emergency escape zones, and the balloon was vulnerable to sudden storms and strong winds. The two adventurers survived extreme weather conditions and moments of extreme tension.

After flying over South America, the Breitling Orbiter 3 headed for the Atlantic, crossing the ocean on its way to West Africa. The whole world waited with anticipation for the return of the heroes. On 21 March 1999, after 19 days, 21 hours and 47 minutes of flight, the Breitling Orbiter 3 finally returned to Swiss soil, landing in a mountainous region near the town of Cairo Montenotte in Italy. The news of their success was greeted with jubilation throughout the world.

Bertrand Piccard and Brian Jones' round-the-world balloon flight was an unforgettable triumph of human endurance, aerospace technology and perseverance. They made history by becoming the first people to fly non-stop around the world in a balloon. Their feat was hailed by world leaders, the media and the general public, and they received numerous awards and honours for their courage and determination.

This incredible journey also paved the way for future aerospace adventures and demonstrated man's ability to push back the boundaries of exploration. It reminded the world that, even in this age of advanced technology, there are still extraordinary challenges to be met and horizons to be conquered.

Following the success of their round-the-world balloon flight, Bertrand Piccard and Brian Jones became iconic figures in aviation and exploration. They have continued to engage in projects to promote the use of clean, renewable energy and to raise public awareness of environmental issues. Their aerial adventure has left a lasting and inspiring legacy, reminding us all that bold dreams and perseverance can achieve the impossible.

A VIAGEM DE BALÃO À VOLTA DO MUNDO DE BERTRAND PICCARD E BRIAN JONES

Uma aventura épica nos céus de 1999

Em 1999, o mundo assistiu a um feito audacioso e sem precedentes quando dois homens, Bertrand Piccard e Brian Jones, conseguiram o que parecia impossível: um voo de balão à volta do mundo sem paragens. Esta extraordinária aventura durou 19 dias e percorreu mais de 40.000 quilómetros, ultrapassando os limites da tecnologia, da resistência humana e da imaginação.

Bertrand Piccard, um médico suíço, e Brian Jones, um antigo capitão do exército britânico, eram ambos aventureiros com uma paixão pela aviação e pela conquista dos céus. Durante anos, sonharam em dar a volta ao mundo num balão, um desafio que tinha escapado a muitos aventureiros no passado devido à sua complexidade e riscos consideráveis.

O seu sonho tornou-se realidade graças ao projeto Breitling Orbiter 3, que recebeu o nome do seu principal patrocinador, a famosa marca de relógios suíça Breitling. O projeto foi meticulosamente preparado ao longo de vários anos, reunindo uma equipa de especialistas em aerostática, meteorologia, navegação e tecnologia para garantir a segurança e a viabilidade da viagem.

O balão utilizado para esta aventura era um verdadeiro monstro do ar, com cerca de 55 metros de altura - o equivalente a um edifício de 18 andares - e uma capacidade de gás de mais de 10.000 metros cúbicos. Este imenso balão foi especialmente concebido para suportar os rigores da viagem à volta do mundo, capaz de suportar altitudes até 12.000 metros.

O início desta epopeia inesquecível teve lugar a 1 de março de 1999, a partir da cidade suíça de Château-d'Œx. Milhares de espectadores juntaram-se para ver o Breitling Orbiter 3 voar pelos céus. A tripulação incluía Bertrand Piccard, Brian Jones e uma equipa de apoio em terra dedicada à segurança e à navegação. Os dois aventureiros estavam preparados para enfrentar temperaturas geladas, ventos fortes, condições climatéricas imprevisíveis e um isolamento total durante a sua viagem.

A sua rota levou-os através da Europa, da Ásia, do Pacífico Sul, da América do Sul, do Atlântico e, finalmente, da Europa Ocidental. Sobrevoaram montanhas majestosas, desertos áridos, vastos oceanos e florestas impenetráveis. A altitude máxima era de cerca de 12.000 metros e a velocidade de cruzeiro de cerca de 160 quilómetros por hora.

A viagem de balão foi um desafio a todos os níveis. Para além das condições meteorológicas instáveis e da inevitável turbulência, Bertrand e Brian tiveram de gerir o consumo de oxigénio a grandes altitudes, manter o equilíbrio térmico a bordo do balão e racionar cuidadosamente a comida e a água. Dormiam em intervalos curtos, pois a atenção constante à navegação era crucial para evitar zonas de tempestade e áreas de alto risco.

A equipa de terra desempenhou um papel essencial no sucesso da viagem. Seguiram o balão a partir do solo e foram responsáveis pela coordenação com as autoridades aeronáuticas, pela comunicação com os meios de comunicação social e pelo fornecimento de informações meteorológicas em tempo real. Cada decisão era crucial, uma vez que a segurança de Bertrand e Brian dependia de uma navegação precisa.

Um dos momentos mais críticos da viagem foi a travessia do Pacífico Sul. Esta etapa era particularmente perigosa, uma vez que não existiam zonas de fuga de emergência e o balão era vulnerável a tempestades repentinas e ventos fortes. Os dois aventureiros sobreviveram a condições climatéricas extremas e a momentos de extrema tensão.

Depois de sobrevoar a América do Sul, o Breitling Orbiter 3 dirige-se para o Atlântico, atravessando o oceano a caminho da África Ocidental. O mundo inteiro aguardava com expetativa o regresso dos heróis. Em 21 de março de 1999, após 19 dias, 21 horas e 47 minutos de voo, o Breitling Orbiter 3 regressou finalmente a solo suíço, aterrando numa região montanhosa perto da cidade de Cairo Montenotte, em Itália. A notícia do seu sucesso foi recebida com júbilo em todo o mundo.

A volta ao mundo em balão de Bertrand Piccard e Brian Jones foi um triunfo inesquecível da resistência humana, da tecnologia aeroespacial e da perseverança. Fizeram história ao tornarem-se as primeiras pessoas a voar sem escalas à volta do mundo num balão. O seu feito foi saudado pelos líderes mundiais, pelos meios de comunicação social e pelo público em geral, tendo recebido inúmeros prémios e distinções pela sua coragem e determinação.

Esta incrível viagem abriu também o caminho para futuras aventuras aeroespaciais e demonstrou a capacidade do homem para ultrapassar os limites da exploração. Recordou ao mundo que, mesmo nesta era de tecnologia avançada, ainda há desafios extraordinários a enfrentar e horizontes a conquistar.

Após o sucesso do seu voo de balão à volta do mundo, Bertrand Piccard e Brian Jones tornaram-se figuras icónicas da aviação e da exploração. Continuaram a participar em projectos para promover a utilização de energias limpas e renováveis e para sensibilizar o público para as questões ambientais. A sua aventura aérea deixou um legado duradouro e inspirador, recordando-nos a todos que os sonhos ousados e a perseverança podem alcançar o impossível.

10

THE INCREDIBLE RESCUE OF
THE APOLLO 13 MISSION

A journey back from space full of
challenges and determination

The true story of the Apollo 13 mission is one of the most extraordinary tales of space exploration. This American space mission was launched in 1970 with the aim of landing on the Moon, but it soon took a dramatic turn for the worse. Faced with catastrophic failures aboard their spacecraft, the Apollo 13 astronauts had to fight for their lives, while NASA and a team of engineers on the ground performed a miracle to return them safely to Earth.

On 11 April 1970, the commander of the Apollo 13 mission, James A. Lovell Jr, command module pilot John L. Swigert Jr. and lunar module pilot Fred W. Haise Jr.

blasted off from Kennedy Space Center in Florida aboard the Saturn V, the most powerful launch vehicle ever built. The mission's objective was to land on the Moon, but about 56 hours after launch, when the spacecraft was about 330,000 kilometres from Earth, there was a sudden explosion on board.

The explosion was caused by a failure of the liquid oxygen tank in the service module. The crew immediately reported a "serious explosion" to Houston. The three astronauts had to abandon all hope of landing on the Moon and concentrated their efforts on the urgent task of returning safely to Earth. Their resources were now limited, and they found themselves aboard the lunar module, which was designed to be used solely as a descent vehicle to the lunar surface.

The challenges were immense. Energy, water and oxygen supplies were limited, and the temperature of the lunar module had to be kept within acceptable limits to survive the rigours of space travel. In addition, the lunar module was designed to accommodate two astronauts for a much shorter period than the planned return journey to Earth. The three men had to live in a cramped space for several days.

Meanwhile, at Mission Control in Houston, Flight Director Gene Kranz and his team of engineers worked tirelessly to develop a plan for return to Earth. They had to improvise a solution by using the Lunar Module as a life support vehicle for most of the return journey, then racing against time to set up a precise atmospheric re-entry.

Tension was at its highest when the lunar module's engines were reignited for the critical manoeuvre of re-entry into the Earth's atmosphere. The crew knew that the slightest error in this manoeuvre could cause them to burn up in the atmosphere or be ejected into interplanetary space.

Finally, on 17 April 1970, after a journey of more than 6 days, the Apollo 13 command module entered the Earth's atmosphere at a speed of almost 40,000 kilometres per hour. The crew was subjected to intense gravitational forces as the heat of re-entry surrounded them. Communications were interrupted for several minutes, causing concern in Houston.

However, to everyone's surprise, communications were restored and the command module landed safely in the Pacific Ocean. The three astronauts were recovered by the naval recovery team and returned home safely.

The extraordinary story of Apollo 13 is an example of human courage, determination and creativity in the face of adversity. The astronauts had to demonstrate composure and resilience, while NASA engineers worked tirelessly to find innovative solutions to complex problems.

The Apollo 13 crew survived thanks to their exceptional training and team spirit, while NASA demonstrated its ability to manage crisis situations successfully. This story reinforced the belief that space exploration was a perilous undertaking, but it also illustrated the human will to overcome obstacles to achieve audacious goals. Apollo 13 has become an inspirational lesson for future generations, reminding us that problem-solving and perseverance can turn an impending disaster into a resounding triumph.

O INCRÍVEL RESGATE DA
MISSÃO APOLLO 13

Uma viagem de regresso do espaço
cheia de desafios e determinação

A história verídica da missão Apollo 13 é uma das histórias mais extraordinárias da exploração espacial. Esta missão espacial americana foi lançada em 1970 com o objetivo de aterrar na Lua, mas rapidamente sofreu uma reviravolta dramática. Confrontados com falhas catastróficas a bordo da sua nave espacial, os astronautas da Apollo 13 tiveram de lutar pelas suas vidas, enquanto a NASA e uma equipa de engenheiros em terra faziam um milagre para os fazer regressar em segurança à Terra.

Em 11 de abril de 1970, o comandante da missão Apollo 13, James A. Lovell Jr., o piloto do módulo de comando John L. Swigert Jr. e o piloto do módulo lunar Fred W. Haise Jr. descolaram do Centro Espacial Kennedy, na Florida, a bordo do Saturn V, o veículo de lançamento mais potente alguma vez construído. O objetivo da missão era aterrar na Lua, mas cerca de 56 horas após o lançamento, quando a nave espacial se encontrava a cerca de 330.000 quilómetros da Terra, ocorreu uma súbita explosão a bordo.

A explosão foi causada por uma falha no tanque de oxigénio líquido do módulo de serviço. A tripulação comunicou imediatamente a Houston uma "explosão grave". Os três astronautas tiveram de abandonar todas as esperanças de aterrar na Lua e concentraram os seus esforços na tarefa urgente de regressar em segurança à Terra. Os seus recursos eram agora limitados e encontravam-se a bordo do módulo lunar, que foi concebido para ser utilizado apenas como veículo de descida à superfície lunar.

Os desafios eram imensos. As reservas de energia, água e oxigénio eram limitadas, e a temperatura do módulo lunar tinha de ser mantida dentro de limites aceitáveis para sobreviver aos rigores da viagem espacial. Além disso, o módulo lunar foi concebido para acomodar dois astronautas durante um período muito mais curto do que o planeado para a viagem de regresso à Terra. Os três homens tiveram de viver num espaço exíguo durante vários dias.

Entretanto, no Controlo da Missão em Houston, o Diretor de Voo Gene Kranz e a sua equipa de engenheiros trabalhavam incansavelmente para desenvolver um plano de regresso à Terra. Tiveram de improvisar uma solução, utilizando o Módulo Lunar como veículo de suporte de vida durante a maior parte da viagem de regresso, correndo depois contra o tempo para preparar uma reentrada atmosférica precisa.

A tensão atingiu o seu ponto mais alto quando os motores do módulo lunar foram reactivados para a manobra crítica de reentrada na atmosfera terrestre. A tripulação sabia que o mais pequeno erro nesta manobra poderia fazer com que se queimassem na atmosfera ou fossem ejectados para o espaço interplanetário.

Finalmente, em 17 de abril de 1970, após uma viagem de mais de 6 dias, o módulo de comando da Apollo 13 entrou na atmosfera terrestre a uma velocidade de quase 40.000 quilómetros por hora. A tripulação foi sujeita a forças gravitacionais intensas enquanto o calor da reentrada os rodeava. As comunicações foram interrompidas durante vários minutos, causando preocupação em Houston.

No entanto, para surpresa de todos, as comunicações foram restabelecidas e o módulo de comando aterrou em segurança no Oceano Pacífico. Os três astronautas foram recuperados pela equipa de recuperação naval e regressaram a casa em segurança.

A extraordinária história da Apollo 13 é um exemplo da coragem, determinação e criatividade humanas perante a adversidade. Os astronautas tiveram de demonstrar compostura e resiliência, enquanto os engenheiros da NASA trabalharam incansavelmente para encontrar soluções inovadoras para problemas complexos.

A tripulação da Apollo 13 sobreviveu graças à sua formação excecional e ao seu espírito de equipa, enquanto a NASA demonstrou a sua capacidade de gerir com êxito situações de crise. Esta história reforçou a convicção de que a exploração espacial era um empreendimento perigoso, mas também ilustrou a vontade humana de ultrapassar obstáculos para atingir objectivos audaciosos. A Apollo 13 tornou-se uma lição inspiradora para as gerações futuras, recordando-nos que a resolução de problemas e a perseverança podem transformar um desastre iminente num triunfo retumbante.

11

THE INCREDIBLE RESCUE OF
THE CHILEAN MINERS

A miracle underground

On 5 August 2010, in Chile's Atacama Desert, 33 miners found themselves almost 700 metres underground, trapped in the San José mine after a massive cave-in. It was the start of an extraordinary survival story that captivated the world for 69 days until their miraculous rescue.

The San José mine was known as a gold and copper mine located in the north of Chile, near Copiapó. It was operated by the San Esteban Primera mining company. The miners worked at considerable depth, well below the earth's surface, in difficult and dangerous conditions.

That day, the collapse trapped the miners underground. Initially, it was not clear whether they had all survived. The first few days were the hardest. The miners had to ration their food, which consisted mainly of canned tuna and maize, to save their resources for as long as possible. They had no access to drinking water and had to drink water from the radiators of their vehicles. Conditions were dark, damp and cold, with a constant temperature of around 10 degrees Celsius underground.

The rescue promised to be a colossal task. The depth at which the miners were trapped was considerable, and a rescue tunnel would have to be drilled to reach them. Chilean and international rescue teams were immediately mobilised, but the process would take time.

Above ground, the miners' families set up a makeshift camp near the mine, which quickly became a symbol of expectation, hope and national unity. They faced weeks of uncertainty and anguish, not knowing whether their loved ones would survive or be found.

Finally, 17 days after the collapse, a rescue drill reached the gallery where the miners were trapped. The discovery was greeted with relief and emotion by both the miners and their families. Contact was established with the miners through a small communication hole, and supplies, medicines and messages of encouragement were sent through the rescue tunnel.

However, the final rescue was far from certain. The miners had to be brought to the surface one by one through a narrow tunnel, a process that would take several weeks. The first miners were brought to the surface on 12 October 2010, almost two months after the initial collapse. The rescue was broadcast live on television and watched by millions of people around the world.

Each miner was hoisted into a specially designed capsule called "Fenix", which resembled a small space capsule. The miners were attached to a harness and lowered into the rescue tunnel through the rocks and earth. At the surface, a medical team was ready to receive them, and the miners were taken to the local hospital for thorough medical examinations.

The rescue of the 33 miners went smoothly and with meticulous precision. The miners were in relatively good health, despite the harsh conditions they had faced for almost two months underground. The whole world witnessed this miracle of human survival and international solidarity.

The story of the Chilean miners is a remarkable example of human resilience and courage. These men survived extreme conditions thanks to their determination to stay alive and the cooperation of the rescue team. The rescue itself was an impressive technological feat, showcasing ingenuity and collective effort to save lives.

The story of the Chilean miners has also sparked renewed interest in safety issues in the mining industry and led to significant improvements in accident prevention and rescue protocols.

Beyond the technical feat, the story of the Chilean miners has inspired millions of people around the world. It was a reminder that even in the most desperate circumstances, humanity can find the strength to survive and overcome obstacles. It was a story of faith, unity and hope, and will forever be etched in the annals of history as an extraordinary example of human resilience.

O INCRÍVEL RESGATE DOS
MINEIROS CHILENOS

Um milagre subterrâneo

No dia 5 de agosto de 2010, no deserto de Atacama, no Chile, 33 mineiros encontravam-se a quase 700 metros de profundidade, presos na mina de San José, depois de um enorme desmoronamento. Foi o início de uma extraordinária história de sobrevivência que cativou o mundo durante 69 dias, até ao seu milagroso resgate.

A mina San José era conhecida como uma mina de ouro e cobre localizada no norte do Chile, perto de Copiapó. Era explorada pela empresa mineira San Esteban Primera. Os mineiros trabalhavam a uma profundidade considerável, bem abaixo da superfície da terra, em condições difíceis e perigosas.

Nesse dia, a derrocada deixou os mineiros presos no subsolo. Inicialmente, não se sabia ao certo se todos tinham sobrevivido. Os primeiros dias foram os mais difíceis. Os mineiros tiveram de racionar a sua alimentação, que consistia principalmente em atum enlatado e milho, para pouparem os seus recursos durante o máximo de tempo possível. Não tinham acesso a água potável e tinham de beber água dos radiadores dos seus veículos. As condições eram escuras, húmidas e frias, com uma temperatura constante de cerca de 10 graus Celsius no subsolo.

O resgate prometia ser uma tarefa colossal. A profundidade a que os mineiros estavam presos era considerável e teria de ser perfurado um túnel de salvamento para chegar até eles. As equipas de salvamento chilenas e internacionais foram imediatamente mobilizadas, mas o processo seria moroso.

À superfície, as famílias dos mineiros montaram um acampamento improvisado perto da mina, que rapidamente se tornou um símbolo de expetativa, esperança e unidade nacional. Enfrentaram semanas de incerteza e angústia, sem saber se os seus entes queridos iriam sobreviver ou ser encontrados.

Finalmente, 17 dias após o desmoronamento, uma sonda de salvamento chegou à galeria onde os mineiros estavam presos. A descoberta foi recebida com alívio e emoção tanto pelos mineiros como pelas suas famílias. Foi estabelecido contacto com os mineiros através de um pequeno orifício de comunicação e foram enviados mantimentos, medicamentos e mensagens de encorajamento através do túnel de resgate.

No entanto, o salvamento final estava longe de ser certo. Os mineiros tinham de ser trazidos à superfície, um a um, através de um túnel estreito, um processo que demoraria várias semanas. Os primeiros mineiros foram trazidos à superfície em 12 de outubro de 2010, quase dois meses após o colapso inicial. O resgate foi transmitido em direto pela televisão e visto por milhões de pessoas em todo o mundo.

Cada mineiro foi içado para uma cápsula especialmente concebida para o efeito, denominada "Fénix", que se assemelhava a uma pequena cápsula espacial. Os mineiros foram ligados a um arnês e baixados para o túnel de salvamento através das rochas e da terra. À superfície, uma equipa médica estava pronta para os receber e os mineiros foram levados para o hospital local para serem submetidos a exames médicos completos.

O resgate dos 33 mineiros decorreu sem problemas e com uma precisão meticulosa. Os mineiros estavam relativamente bem de saúde, apesar das duras condições que enfrentaram durante quase dois meses debaixo de terra. O mundo inteiro assistiu a este milagre de sobrevivência humana e de solidariedade internacional.

A história dos mineiros chilenos é um exemplo notável da resiliência e da coragem humanas. Estes homens sobreviveram a condições extremas graças à sua determinação em permanecerem vivos e à cooperação da equipa de salvamento. O salvamento em si foi um feito tecnológico impressionante, demonstrando engenhosidade e esforço coletivo para salvar vidas.

A história dos mineiros chilenos também despertou um interesse renovado pelas questões de segurança na indústria mineira e conduziu a melhorias significativas nos protocolos de prevenção de acidentes e de salvamento.

Para além do feito técnico, a história dos mineiros chilenos inspirou milhões de pessoas em todo o mundo. Foi um lembrete de que, mesmo nas circunstâncias mais desesperadas, a humanidade pode encontrar a força para sobreviver e superar obstáculos. Foi uma história de fé, união e esperança, e ficará para sempre gravada nos anais da história como um exemplo extraordinário da resiliência humana.

12

THE GREAT ESCAPE FROM ALCATRAZ

A bold plan for freedom

The story of the Great Escape from Alcatraz is one of the most gripping tales in American prison history. In 1962, three inmates managed to escape from the notorious Alcatraz prison, located on an island in the middle of San Francisco Bay. Their daring escape and mysterious disappearance fascinated the world for decades, making it one of the most spectacular and enigmatic stories of the twentieth century.

Alcatraz, nicknamed "The Rock", was a maximum security prison located on a rocky island about 2.4 kilometres off the coast of San Francisco, California. It was considered to be one of the most impenetrable and secure prisons in the United States. Alcatraz was designed to house the country's most dangerous and notorious inmates, due to its isolated location and extreme prison conditions.

The escape took place on the night of 11 to 12 June 1962, when three inmates, Frank Morris and brothers John and Clarence Anglin, managed to leave their respective cells. But this was no ordinary escape. The three men had meticulously planned their escape for months, devising a complex plan to escape the clutches of Alcatraz.

The first challenge they faced was getting out of their individual cells. They had carefully removed the ventilation grilles behind the sinks in their cells, creating a narrow passageway to the service corridors behind the walls. They had also made makeshift rafts using waterproof plastic ponchos and newspaper to ensure buoyancy.

Once out of their cells, the escapees explored the dark and narrow service tunnels behind the prison walls. They had also drawn up detailed plans for getting around obstacles such as locked gates and doors. To avoid their absences being discovered, they had made papier-mâché mannequins in their image and placed them in their beds with real human hair from the prison's hairdressing salon.

The next stage of their escape was to descend to the ground floor of the prison and cross the outer courtyard, where they planned to inflate their makeshift rafts and escape to the coast. To reach the courtyard, they used stolen keys to access corridors that were off-limits to inmates at night.

Unfortunately, when they arrived at the yard, they realised that their raft was too small for the three men. So they decided to leave Clarence Anglin, the youngest brother, behind. John and Frank inflated their raft, equipped with life jackets, and set sail across the icy waters of San Francisco Bay.

When the prisoners' disappearance was discovered on the morning of 12 June, a massive manhunt was launched. The authorities quickly concluded that the three men had attempted to escape by sea, as life jackets and personal belongings had been found on the coast. Boats, helicopters and divers were deployed to search for the suspected escapees.

Despite an intensive search, the authorities never found any trace of the three men in the waters of the bay. Investigators assumed that their raft had been swept away by the sea currents or that they had succumbed to the icy waters. However, no tangible evidence of their fate was found.

The escape from Alcatraz has become a fascinating enigma that has given rise to many theories and speculations over the years. Some have suggested that the escapees made it to the mainland, others have claimed to have seen them alive in different countries, while still others have proposed that they died in their attempt.

For decades, the mystery of the Great Escape from Alcatraz remained unsolved. It wasn't until 1979, 17 years after the escape, that tangible evidence was discovered. A bag containing personal effects of the escapees, including family photographs and letters, was found in a cave along the Californian coast. This discovery suggested that the men may have survived after their escape, at least for a while.

Despite this new evidence, the final fate of the Alcatraz escapees remains an unsolved mystery. The story of their daring escape has been immortalised in books, films and documentaries, making them smuggling legends. Their story has also contributed to Alcatraz's reputation as an impenetrable high-security prison.

The escape from Alcatraz remains one of the most spectacular stories in the history of crime and escape in the United States. It embodies the human spirit of determination and perseverance, and the enduring fascination with unsolved puzzles. Although the mystery endures, the escape from Alcatraz will forever remain a captivating and enigmatic saga of American history.

A GRANDE FUGA DE
ALCATRAZ

Um plano arrojado para a liberdade

A história da Grande Fuga de Alcatraz é uma das histórias mais arrebatadoras da história das prisões americanas. Em 1962, três reclusos conseguiram escapar da famosa prisão de Alcatraz, situada numa ilha no meio da baía de São Francisco. A sua fuga audaciosa e o seu misterioso desaparecimento fascinaram o mundo durante décadas, tornando-se numa das histórias mais espectaculares e enigmáticas do século XX.

Alcatraz, apelidada de "The Rock", era uma prisão de segurança máxima situada numa ilha rochosa a cerca de 2,4 quilómetros da costa de São Francisco, na Califórnia. Era considerada uma das prisões mais impenetráveis e seguras dos Estados Unidos. Alcatraz foi concebida para albergar os reclusos mais perigosos e notórios do país, devido à sua localização isolada e às suas condições prisionais extremas.

A fuga teve lugar na noite de 11 para 12 de junho de 1962, quando três reclusos, Frank Morris e os irmãos John e Clarence Anglin, conseguiram sair das respectivas celas. Mas não se tratou de uma fuga vulgar. Os três homens tinham planeado meticulosamente a sua fuga durante meses, concebendo um plano complexo para escapar às garras de Alcatraz.

O primeiro desafio que enfrentaram foi sair das suas celas individuais. Removeram cuidadosamente as grelhas de ventilação por detrás dos lavatórios das celas, criando uma passagem estreita para os corredores de serviço por detrás das paredes. Também tinham feito jangadas improvisadas utilizando ponchos de plástico impermeáveis e jornais para garantir a flutuabilidade.

Uma vez fora das suas celas, os fugitivos exploraram os túneis de serviço escuros e estreitos por detrás dos muros da prisão. Também tinham elaborado planos pormenorizados para contornar obstáculos como portões e portas trancados. Para evitar que as suas ausências fossem descobertas, tinham feito manequins de papel maché à sua imagem e tinham-nos colocado nas suas camas com cabelo humano verdadeiro do salão de cabeleireiro da prisão.

A fase seguinte da sua fuga consistia em descer ao rés do chão da prisão e atravessar o pátio exterior, onde planeavam encher as suas jangadas improvisadas e fugir para a costa. Para chegarem ao pátio, utilizaram chaves roubadas para acederem a corredores que, durante a noite, estavam interditos aos reclusos.

Infelizmente, quando chegaram ao estaleiro, aperceberam-se de que a jangada era demasiado pequena para os três homens. Por isso, decidiram deixar Clarence Anglin, o irmão mais novo, para trás. John e Frank encheram a jangada, equipada com coletes salva-vidas, e zarparam pelas águas geladas da Baía de São Francisco.

Quando o desaparecimento dos prisioneiros foi descoberto, na manhã de 12 de junho, foi lançada uma caça maciça ao homem. As autoridades concluíram rapidamente que os três homens tinham tentado fugir por mar, uma vez que tinham sido encontrados coletes salva-vidas e objectos pessoais na costa. Foram utilizados barcos, helicópteros e mergulhadores para procurar os presumíveis fugitivos.

Apesar de uma busca intensiva, as autoridades nunca encontraram qualquer vestígio dos três homens nas águas da baía. Os investigadores presumiram que a sua jangada tinha sido arrastada pelas correntes marítimas ou que tinham sucumbido às águas geladas. No entanto, não foi encontrada qualquer prova tangível do seu destino.

A fuga de Alcatraz tornou-se um enigma fascinante que deu origem a muitas teorias e especulações ao longo dos anos. Alguns sugeriram que os fugitivos conseguiram chegar ao continente, outros afirmaram tê-los visto vivos em diferentes países, enquanto outros ainda propuseram que eles morreram na sua tentativa.

Durante décadas, o mistério da Grande Fuga de Alcatraz permaneceu por resolver. Só em 1979, 17 anos após a fuga, é que foram descobertas provas tangíveis. Um saco contendo objectos pessoais dos fugitivos, incluindo fotografias de família e cartas, foi encontrado numa gruta ao longo da costa californiana. Esta descoberta sugere que os homens podem ter sobrevivido após a sua fuga, pelo menos durante algum tempo.

Apesar destas novas provas, o destino final dos fugitivos de Alcatraz continua a ser um mistério por resolver. A história da sua ousada fuga foi imortalizada em livros, filmes e documentários, tornando-os lendas do contrabando. A sua história também contribuiu para a reputação de Alcatraz como uma prisão impenetrável de alta segurança.

A fuga de Alcatraz continua a ser uma das histórias mais espectaculares da história do crime e da fuga nos Estados Unidos. Encarna o espírito humano de determinação e perseverança, e o fascínio duradouro por puzzles por resolver. Embora o mistério perdure, a fuga de Alcatraz permanecerá para sempre uma saga cativante e enigmática da história americana.

13

THE ENDURANCE EXPEDITION

An extraordinary journey across the Antarctic

The story of the Endurance expedition is one of the most extraordinary tales of adventure, survival and determination in the most hostile regions of the planet. Led by British explorer Sir Ernest Shackleton, the expedition set out to cross the Antarctic in 1914, but became an incredible struggle for survival when their ship, the Endurance, became trapped in the ice of the Antarctic Ocean. The Endurance expedition began in August 1914 when the ship Endurance, led by Shackleton, left England for Antarctica. The ambitious aim of the expedition was to cross the Antarctic continent, an undertaking that had never been achieved at the time. Shackleton and his crew comprised 27 men, including sailors, scientists and explorers.

However, from the outset, the expedition faced major challenges. The ship Endurance became trapped in the ice of the Weddell Sea in January 1915, well before reaching the Antarctic coast. The men found themselves trapped in a desperate situation, with their ship immobilised by huge slabs of ice.

For nine months, the crew tried in vain to free the ship from the grip of the ice. They dug around the ship, used explosives to break the ice, but nothing helped. Finally, on 27 October 1915, the Endurance was compressed by the ice and began to leak. Shackleton ordered the ship abandoned, and the crew evacuated with the few provisions they could salvage.

They set up camp on the drifting ice, hoping to be rescued by a ship or rescue expedition. However, the ice took them far from their planned trajectory, distancing them from any potential help. They then spent a brutal winter in extremely difficult conditions, battling the cold, bitter wind and permanent darkness of Antarctica.

In the spring of 1916, when the ice began to crack and break, the crew took the bold decision to sail in three small lifeboats through the icy waters of the Antarctic Ocean. Shackleton and his crew travelled more than 1,300 kilometres in these fragile boats, battling devastating storms, giant waves and freezing temperatures.

They finally reached Elephant Island, a small, desolate island off the coast of Antarctica, where they found some respite. However, their situation remained precarious as they were still far from any help. Shackleton decided to take a small team and attempt to reach South Georgia, an inhabited island some 1,300 kilometres away, in a lifeboat.

The crossing to South Georgia was an extremely perilous undertaking. They had to navigate without instruments, relying solely on their estimation of direction and distance. After 17 exhausting days at sea, they managed to reach South Georgia, but their arrival was hampered by storms that kept them away from the coast.

Shackleton and two of his men finally managed to reach the coast of the island using a small lifeboat. They had to climb steep mountains and cross dangerous glaciers to reach a whaling station. After several months of searching and preparation, Shackleton finally managed to rescue the rest of his crew who had been left behind on Elephant Island.

Incredibly, the entire crew of the Endurance expedition survived this incredible ordeal of almost two years in the hostile Antarctic. No man was lost, although some suffered frostbite and illness. Their resilience, determination and Shackleton's exceptional leadership were essential to their survival.

The Endurance expedition has become a legend of exploration and human endurance. It demonstrated man's ability to cope with extreme conditions and overcome insurmountable obstacles. The story of this extraordinary epic in the Antarctic continues to inspire and captivate future generations, reminding us that, even in the midst of the worst adversity, the human spirit can triumph through resilience, determination and solidarity.

A EXPEDIÇÃO ENDURANCE

Uma viagem extraordinária através da Antárctida

A história da expedição Endurance é uma das mais extraordinárias histórias de aventura, sobrevivência e determinação nas regiões mais hostis do planeta. Liderada pelo explorador britânico Sir Ernest Shackleton, a expedição partiu para atravessar a Antárctida em 1914, mas tornou-se numa incrível luta pela sobrevivência quando o seu navio, o Endurance, ficou preso no gelo do Oceano Antártico. A expedição Endurance começou em agosto de 1914, quando o navio Endurance, liderado por Shackleton, partiu de Inglaterra para a Antárctida. O ambicioso objetivo da expedição era atravessar o continente antártico, um feito que nunca tinha sido alcançado na altura. Shackleton e a sua tripulação eram constituídos por 27 homens, incluindo marinheiros, cientistas e exploradores.

No entanto, desde o início, a expedição enfrentou grandes desafios. O navio Endurance ficou preso no gelo do mar de Weddell em janeiro de 1915, muito antes de chegar à costa antárctica. Os homens viram-se presos numa situação desesperada, com o navio imobilizado por enormes placas de gelo.

Durante nove meses, a tripulação tentou em vão libertar o navio das garras do gelo. Cavaram à volta do navio, usaram explosivos para quebrar o gelo, mas nada adiantou. Finalmente, em 27 de outubro de 1915, o Endurance foi comprimido pelo gelo e começou a ter fugas. Shackleton ordenou o abandono do navio e a tripulação evacuou-o com as poucas provisões que conseguiu salvar.

Montaram acampamento no gelo à deriva, na esperança de serem resgatados por um navio ou por uma expedição de salvamento. No entanto, o gelo levou-os para longe da trajetória planeada, afastando-os de qualquer ajuda potencial. Passaram, então, um inverno brutal em condições extremamente difíceis, lutando contra o frio, o vento cortante e a escuridão permanente da Antárctida.

Na primavera de 1916, quando o gelo começou a estalar e a quebrar, a tripulação tomou a ousada decisão de navegar em três pequenos botes salva-vidas através das águas geladas do Oceano Antártico. Shackleton e a sua tripulação percorreram mais de 1.300 quilómetros nestas frágeis embarcações, enfrentando tempestades devastadoras, ondas gigantes e temperaturas geladas.

Finalmente chegaram à Ilha Elefante, uma pequena e desolada ilha ao largo da costa da Antárctida, onde encontraram algum descanso. No entanto, a sua situação continuava a ser precária, pois ainda estavam longe de qualquer ajuda. Shackleton decidiu levar uma pequena equipa e tentar chegar à Geórgia do Sul, uma ilha habitada a cerca de 1 300 quilómetros de distância, num barco salva-vidas.

A travessia para a Geórgia do Sul foi uma tarefa extremamente perigosa. Tiveram de navegar sem instrumentos, confiando apenas na sua estimativa da direção e da distância. Após 17 dias exaustivos no mar, conseguiram chegar à Geórgia do Sul, mas a sua chegada foi dificultada por tempestades que os afastaram da costa.

Shackleton e dois dos seus homens conseguiram finalmente chegar à costa da ilha utilizando um pequeno barco salva-vidas. Tiveram de escalar montanhas íngremes e atravessar glaciares perigosos para chegar a uma estação baleeira. Após vários meses de busca e preparação, Shackleton conseguiu finalmente resgatar o resto da sua tripulação que tinha sido deixada para trás na Ilha Elefante.

Por incrível que pareça, toda a tripulação da expedição Endurance sobreviveu a esta incrível provação de quase dois anos no hostil Antártico. Nenhum homem se perdeu, embora alguns tenham sofrido queimaduras de frio e doenças. A sua resiliência, determinação e a liderança excecional de Shackleton foram essenciais para a sua sobrevivência.

A expedição Endurance tornou-se uma lenda da exploração e da resistência humana. Demonstrou a capacidade do homem para enfrentar condições extremas e ultrapassar obstáculos intransponíveis. A história desta extraordinária epopeia no Antártico continua a inspirar e a cativar as gerações futuras, recordando-nos que, mesmo no meio das piores adversidades, o espírito humano pode triunfar através da resiliência, da determinação e da solidariedade.

14

THE INCREDIBLE ESCAPE OF FRANK ABAGNALE

Master of Deception

Frank Abagnale's story is one of the most incredible and daring in the world of crime. Between the ages of 16 and 21, Abagnale ran a series of frauds and scams that stunned the authorities and inspired Steven Spielberg's hit film, "Stop Me If You Can". His criminal genius, his ability to pass himself off as someone else, and his ability to evade the authorities made him one of the most notorious criminals of his time.

Frank Abagnale was born in 1948 in Bronxville, New York. From an early age he showed an extraordinary talent for deception and fraud. At the age of 16, he left his parents' home after their divorce and began his criminal career. His first scam was to open a bank account under a false name and issue bounced cheques. He soon realised that he could make money using other people's identities.

What made Abagnale's criminal activities even more extraordinary was his ability to pass himself off as a qualified professional. He pretended to be a doctor, a lawyer, an airline pilot and even a university lecturer without having any training or experience in these fields. He used fake diplomas and learned the tricks of the trade by observing and imitating the professionals he wanted to impersonate.

One of his most notorious scams was to pass himself off as an airline pilot. Abagnale forged a Pan American World Airways (Pan Am) airline pilot's licence and persuaded airlines to entrust him with the operation of commercial flights. For almost two years, he flew airliners and travelled the world for free, enjoying the privileges reserved for pilots.

His criminal career also included cheque forgery. Abagnale successfully forged cheques using fictitious bank accounts and cashed them for large amounts. He opened bank accounts under false names and deceived banks into believing that he was a respected businessman.

When the authorities began to close in on him, Abagnale always managed to evade capture by changing his identity and moving around frequently. He used false identification and adopted different aliases to avoid being found. His ability to improvise and react quickly made him an elusive fugitive.

However, his criminal career finally came to an end in 1969 when he was arrested following an FBI investigation. Abagnale was sentenced to 12 years in prison, but was released on bail after only five years in exchange for his cooperation with the government.

While in custody, he helped the authorities fight fraud and identify other fraudsters by sharing his expertise.

After his release, Abagnale pursued his redemption by becoming a security and fraud consultant for the government and numerous companies. He used his criminal experience to help design more robust security systems and advised financial institutions on fraud prevention.

The story of Frank Abagnale has become a crime legend, not only because of his daring deeds, but also because of his transformation into a respected security expert. His story has inspired numerous adaptations, including the film "Stop Me If You Can" starring Leonardo DiCaprio as Frank Abagnale.

Frank Abagnale showed that even the most ingenious criminals can repent and use their skills for good. His ability to deceive and evade the authorities remains one of the most fascinating and extraordinary crime stories of all time, while underlining the value of redemption and rehabilitation.

A INCRÍVEL FUGA DE FRANK ABAGNALE

Mestre da Enganação

A história de Frank Abagnale é uma das mais incríveis e ousadas do mundo do crime. Entre os 16 e os 21 anos de idade, Abagnale levou a cabo uma série de fraudes e burlas que surpreenderam as autoridades e inspiraram o filme de sucesso de Steven Spielberg, "Stop Me If You Can". O seu génio criminoso, a sua capacidade de se fazer passar por outra pessoa e a sua habilidade para iludir as autoridades fizeram dele um dos criminosos mais famosos do seu tempo.

Frank Abagnale nasceu em 1948 em Bronxville, Nova Iorque. Desde muito cedo demonstrou um talento extraordinário para o engano e a fraude. Aos 16 anos, deixou a casa dos pais após o divórcio e iniciou a sua carreira criminosa. A sua primeira burla consistiu em abrir uma conta bancária com um nome falso e emitir cheques carecas. Rapidamente se apercebeu de que podia ganhar dinheiro utilizando a identidade de outras pessoas.

O que tornava as actividades criminosas de Abagnale ainda mais extraordinárias era a sua capacidade de se fazer passar por um profissional qualificado. Fingia ser médico, advogado, piloto de avião e até professor universitário sem ter qualquer formação ou experiência nesses domínios. Utilizava diplomas falsos e aprendia os truques do ofício observando e imitando os profissionais que queria fazer passar por ele.

Uma das suas fraudes mais notórias consistiu em fazer-se passar por piloto de avião. Abagnale falsificou uma licença de piloto de avião da Pan American World Airways (Pan Am) e convenceu as companhias aéreas a confiarem-lhe a operação de voos comerciais. Durante quase dois anos, pilotou aviões e viajou pelo mundo gratuitamente, gozando dos privilégios reservados aos pilotos.

A sua carreira criminosa incluía também a falsificação de cheques. Abagnale falsificava cheques com sucesso, utilizando contas bancárias fictícias, e levantava-os por grandes quantias. Abriu contas bancárias com nomes falsos e enganou os bancos, fazendo-os crer que era um homem de negócios respeitado.

Quando as autoridades começaram a apertar-lhe o cerco, Abagnale conseguiu sempre escapar à captura, mudando de identidade e deslocando-se frequentemente.

Utilizava identificações falsas e adoptava diferentes pseudónimos para evitar ser encontrado. A sua capacidade de improvisação e de reação rápida tornaram-no um fugitivo esquivo.

No entanto, a sua carreira criminosa chegou finalmente ao fim em 1969, quando foi detido na sequência de uma investigação do FBI. Abagnale foi condenado a 12 anos de prisão, mas foi libertado sob fiança apenas cinco anos depois, em troca da sua cooperação com o governo.

Enquanto esteve detido, ajudou as autoridades a combater a fraude e a identificar outros autores de fraudes, partilhando os seus conhecimentos.

Após a sua libertação, Abagnale prosseguiu a sua redenção, tornando-se consultor de segurança e fraude para o governo e numerosas empresas. Utilizou a sua experiência criminal para ajudar a conceber sistemas de segurança mais robustos e aconselhou instituições financeiras sobre prevenção de fraudes.

A história de Frank Abagnale tornou-se uma lenda do crime, não só devido aos seus actos ousados, mas também devido à sua transformação num respeitado perito em segurança. A sua história inspirou numerosas adaptações, incluindo o filme "Stop Me If You Can", com Leonardo DiCaprio no papel de Frank Abagnale.

Frank Abagnale demonstrou que mesmo os criminosos mais engenhosos podem arrepender-se e utilizar as suas capacidades para o bem. A sua capacidade de enganar e iludir as autoridades continua a ser uma das histórias de crime mais fascinantes e extraordinárias de todos os tempos, sublinhando simultaneamente o valor da redenção e da reabilitação

15

THE AFFAIR OF THE GOLDEN FLEECE

The Epic Flight of an Iconic Work of Art

The story of the Affair of the Golden Fleece is a spectacular tale of art theft that shook the world of art and security in 2007. The object of this daring criminal enterprise was the Golden Fleece, a priceless masterpiece of medieval goldsmithery. The robbery, carried out by a gang of cunning thieves, has become one of the most remarkable and enigmatic hold-ups in the history of art.

The Toison d'Or is a masterpiece of medieval art, created in the 14th century for Philip the Bold, Duke of Burgundy. It is made of solid gold, inlaid with precious stones and adorned with intricate details. This work of art was both a symbol of power and a piece of exceptional beauty, and is kept in the Musée des Beaux-Arts in Dijon, France.

The story of the robbery began on the night of 12-13 November 2007. A group of determined robbers entered the museum using ladders to scale the outer walls. They disabled the sophisticated security system by jamming the signals from the surveillance cameras and alarms. The criminals moved around the museum with obvious knowledge of its layout, showing that they had meticulously prepared their plan.

Once inside, the thieves went straight for the Golden Fleece, unhooking it from its stand and placing it in a bag. They then left the museum with the precious loot without setting off any alarms or being spotted by the security guards.

The theft was not discovered until the following morning when the museum staff arrived for work. The Golden Fleece had disappeared, leaving behind a void in the room where it was displayed. News of the theft quickly hit the headlines, sparking outrage around the world.

The French authorities immediately launched a major investigation to find the thieves and recover the Toison d'Or. Investigators examined images from the museum's surveillance cameras, but the thieves were wearing balaclavas and left no clues as to their identity. In addition, the skilful use of jammers had prevented the cameras from capturing clear images.

The theft of the Golden Fleece has left investigators baffled. How could a group of thieves break into such a secure museum, disable the sophisticated security systems and steal a priceless piece of art undetected?

As the investigation progressed, speculation arose as to the identity of the thieves. Some have suggested that it could have been a robbery commissioned by a private collector prepared to pay an exorbitant ransom for the Golden Fleece. Others have raised the possibility that organised criminals orchestrated the theft with a view to reselling it on the art black market.

For almost two years, the Toison d'Or was nowhere to be found. The French authorities launched an international appeal for help with their investigation. Interpol and other security agencies were mobilised to track down the thieves and the stolen work of art.

Finally, in January 2009, almost fourteen months after the theft, an anonymous tip reached the investigators. This tip led them to an abandoned farm on the outskirts of Lyon. There, they made an incredible discovery: the Toison d'Or was hidden under a pile of roof tiles, surrounded by old newspapers.

The Toison d'Or had survived its criminal adventure almost unscathed, although the thieves had damaged some of the inlaid jewels in trying to remove them. The work of art was carefully restored and returned to its original location at the Musée des Beaux-Arts in Dijon.

The investigation into the Toison d'Or robbery has revealed little information about the perpetrators. Although suspects were questioned and leads followed, the identity of the robbers remained a mystery.

The Affair of the Golden Fleece remains one of the most intriguing and daring art thefts in history. Thieves managed to break into one of France's most heavily protected museums, deactivate sophisticated security systems and escape with a priceless work of art. Although the Toison d'Or has been recovered and restored, the identity of the thieves remains a mystery, making this theft an unsolved enigma in the world of art and crime.

O CASO DO TOSÃO DE OURO

O voo épico de uma obra de arte icónica

A história do Caso do Tosão de Ouro é uma história espetacular de roubo de arte que abalou o mundo da arte e da segurança em 2007. O objeto deste audacioso empreendimento criminoso foi o Tosão de Ouro, uma obra-prima inestimável da ourivesaria medieval. O roubo, levado a cabo por um bando de ladrões astutos, tornou-se um dos assaltos mais notáveis e enigmáticos da história da arte.

O Toison d'Or é uma obra-prima da arte medieval, criada no século XIV para Filipe, o Ousado, Duque de Borgonha. É feita de ouro maciço, incrustada com pedras preciosas e adornada com pormenores intrincados. Esta obra de arte era simultaneamente um símbolo de poder e uma peça de beleza excecional, e está guardada no Musée des Beaux-Arts em Dijon, França.

A história do roubo começou na noite de 12 para 13 de novembro de 2007. Um grupo de ladrões determinados entrou no museu usando escadas para escalar as paredes exteriores. Desactivaram o sofisticado sistema de segurança, bloqueando os sinais das câmaras de vigilância e dos alarmes. Os criminosos deslocaram-se pelo museu com um conhecimento óbvio da sua disposição, mostrando que tinham preparado meticulosamente o seu plano.

Uma vez lá dentro, os ladrões foram directos ao Tosão de Ouro, desprendendo-o do seu suporte e colocando-o num saco. Em seguida, saíram do museu com o precioso saque sem disparar qualquer alarme ou ser vistos pelos seguranças.

O roubo só foi descoberto na manhã seguinte, quando o pessoal do museu chegou ao trabalho. O Tosão de Ouro tinha desaparecido, deixando um vazio na sala onde estava exposto. A notícia do roubo chegou rapidamente aos cabeçalhos dos jornais, provocando indignação em todo o mundo.

As autoridades francesas lançaram imediatamente uma grande investigação para encontrar os ladrões e recuperar o Toison d'Or. Os investigadores examinaram as imagens das câmaras de vigilância do museu, mas os ladrões usavam balaclavas e não deixaram pistas sobre a sua identidade. Além disso, a utilização hábil de bloqueadores impediu as câmaras de captarem imagens nítidas.

O roubo do Tosão de Ouro deixou os investigadores perplexos. Como é que um grupo de ladrões conseguiu entrar num museu tão seguro, desativar os sofisticados sistemas de segurança e roubar uma peça de arte de valor inestimável sem ser detectado?

À medida que a investigação avançava, surgiram especulações quanto à identidade dos ladrões. Alguns sugeriram que poderia ter sido um roubo encomendado por um colecionador privado disposto a pagar um resgate exorbitante pelo Tosão de Ouro. Outros levantaram a hipótese de criminosos organizados terem orquestrado o roubo com o objetivo de o revenderem no mercado negro da arte.

Durante quase dois anos, o Toison d'Or não foi encontrado em lado nenhum. As autoridades francesas lançaram um apelo internacional para ajudar na investigação. A Interpol e outras agências de segurança foram mobilizadas para localizar os ladrões e a obra de arte roubada.

Finalmente, em janeiro de 2009, quase catorze meses após o roubo, uma denúncia anónima chegou aos investigadores. Essa denúncia levou-os a uma quinta abandonada nos arredores de Lyon. Aí, fizeram uma descoberta incrível: o Toison d'Or estava escondido debaixo de um monte de telhas, rodeado de jornais velhos.

O Toison d'Or sobreviveu quase incólume à sua aventura criminosa, embora os ladrões tenham danificado algumas das jóias incrustadas ao tentar retirá-las. A obra de arte foi cuidadosamente restaurada e devolvida à sua localização original no Musée des Beaux-Arts em Dijon.

A investigação sobre o assalto ao Toison d'Or revelou poucas informações sobre os seus autores. Embora os suspeitos tenham sido interrogados e as pistas seguidas, a identidade dos assaltantes permaneceu um mistério.

O Caso do Tosão de Ouro continua a ser um dos mais intrigantes e ousados roubos de arte da história. Os ladrões conseguiram entrar num dos museus mais bem protegidos de França, desativar sistemas de segurança sofisticados e fugir com uma obra de arte de valor inestimável. Embora o Toison d'Or tenha sido recuperado e restaurado, a identidade dos ladrões continua a ser um mistério, fazendo deste roubo um enigma por resolver no mundo da arte e do crime.

16

THE INCREDIBLE BUTTERFLY ESCAPE

An Odyssey of Freedom

The story of Papillon's incredible escape is one of the most gripping tales of perseverance, endurance and determination of the twentieth century. It tells of the escape of Henri Charrière, nicknamed "Papillon", a prisoner sentenced to the Ile du Diable prison in French Guiana in the early 1930s. For years, Papillon tried to escape from this merciless prison, and his extraordinary adventure was immortalised in his famous autobiographical book.

Henri Charrière, nicknamed Papillon because of the tattoo of a butterfly on his chest, was wrongly convicted of a murder he did not commit. In 1931, he was sent to the Saint-Laurent-du-Maroni prison in French Guiana, where living conditions were appalling. The prison was located on an island called Devil's Island, surrounded by shark-infested waters and impenetrable forests.

From the moment he arrived, Papillon dreamt of escaping from this hell. He began planning his escape with unshakeable determination. Over the years, he devised numerous escape plans, but they all failed, leaving him in an even more precarious situation each time.

But Papillon never gave up. He continued to forge links with other prisoners, gaining their trust and gathering information about guards, patrol routes and weather conditions. His efforts finally paid off in 1941, when he and another inmate, Sylvain, managed to escape from the Saint-Laurent prison.

Their escape was extremely perilous. First they had to cross a dense jungle infested with snakes and wild animals. They then crossed swamps filled with crocodiles, before reaching the coast and building a makeshift raft to sail to freedom.

Unfortunately, their raft got caught in a sea current and was swept out to sea. For days, Papillon and Sylvain drifted on the high seas, exposed to the elements, hunger and thirst. Sylvain died at sea, leaving Papillon alone to face the elements.

Finally, after thirty-five days adrift, Papillon was rescued by a Venezuelan fishing boat. He had survived one of the most incredible and perilous escapes in history.

Papillon was brought back to Venezuela, where he was treated and began to rebuild his life. However, he could not forget his fellow prisoners who remained behind. He vowed to return to France, expose the injustices of the Devil's Island prison and prove his innocence.

In 1945, after spending several years in South America, Papillon finally managed to reach France. There, he told his story to the world in his autobiographical book, Papillon, which became a bestseller.

Papillon's book had a profound impact, revealing to the world the horrors of Devil's Island prison and the injustices suffered by the inmates. It also helped to draw attention to his own case, and Papillon was eventually acquitted of the murder for which he had been wrongly convicted.

The story of Papillon's incredible escape was also made into a film, starring Steve McQueen as Papillon and Dustin Hoffman as Louis Dega, another prisoner with whom Papillon had developed a special friendship.

Papillon's story is a testament to the resilience of the human spirit in the face of adversity. Despite seemingly insurmountable obstacles and years of suffering in prison, Papillon never gave up on his dream of freedom. His incredible determination and indomitable courage eventually led to his miraculous escape and the revelation of the atrocities of Devil's Island prison. It remains an inspiring story of perseverance, redemption and the fight for justice.

A INCRÍVEL FUGA DA "BORBOLETA"

Uma Odisseia de Liberdade

A história da incrível fuga de Papillon é uma das mais emocionantes histórias de perseverança, resistência e determinação do século XX. Conta a fuga de Henri Charrière, apelidado de "Papillon", um prisioneiro condenado à prisão de Ile du Diable, na Guiana Francesa, no início da década de 1930. Durante anos, Papillon tentou escapar desta prisão impiedosa e a sua extraordinária aventura foi imortalizada no seu famoso livro autobiográfico.

Henri Charrière, apelidado de Papillon devido à tatuagem de uma borboleta no peito, foi injustamente condenado por um assassínio que não cometeu. Em 1931, foi enviado para a prisão de Saint-Laurent-du-Maroni, na Guiana Francesa, onde as condições de vida eram terríveis. A prisão situava-se numa ilha chamada Ilha do Diabo, rodeada por águas infestadas de tubarões e florestas impenetráveis.

Desde o momento da sua chegada, Papillon sonhava em escapar deste inferno. Começou a planear a sua fuga com uma determinação inabalável. Ao longo dos anos, concebeu inúmeros planos de fuga, mas todos falharam, deixando-o sempre numa situação ainda mais precária.

Mas Papillon nunca desistiu. Continuou a estabelecer ligações com outros prisioneiros, ganhando a sua confiança e recolhendo informações sobre os guardas, as rotas das patrulhas e as condições climatéricas. Os seus esforços acabaram por dar frutos em 1941, quando ele e outro recluso, Sylvain, conseguiram fugir da prisão de Saint-Laurent.

A sua fuga foi extremamente perigosa. Primeiro, tiveram de atravessar uma selva densa infestada de cobras e animais selvagens. Depois, atravessaram pântanos cheios de crocodilos, antes de chegarem à costa e construírem uma jangada improvisada para navegarem para a liberdade.

Infelizmente, a sua jangada ficou presa numa corrente marítima e foi arrastada para o mar. Durante dias, Papillon e Sylvain andaram à deriva em alto mar, expostos aos elementos, à fome e à sede. Sylvain morreu no mar, deixando Papillon sozinho a enfrentar os elementos.

Finalmente, após trinta e cinco dias à deriva, Papillon foi resgatado por um barco de pesca venezuelano. Ele tinha sobrevivido a uma das fugas mais incríveis e perigosas da história.

Papillon foi levado de volta para a Venezuela, onde foi tratado e começou a reconstruir a sua vida. No entanto, não podia esquecer os seus companheiros de prisão que ficaram para trás. Jurou regressar a França, denunciar as injustiças da prisão da Ilha do Diabo e provar a sua inocência.

Em 1945, depois de passar vários anos na América do Sul, Papillon conseguiu finalmente chegar a França. Aí, contou a sua história ao mundo no seu livro autobiográfico, Papillon, que se tornou um best-seller.

O livro de Papillon teve um impacto profundo, revelando ao mundo os horrores da prisão de Devil's Island e as injustiças sofridas pelos reclusos. Ajudou também a chamar a atenção para o seu próprio caso, e Papillon acabou por ser absolvido do assassínio pelo qual tinha sido injustamente condenado.

A história da incrível fuga de Papillon também foi transformada num filme, protagonizado por Steve McQueen como Papillon e Dustin Hoffman como Louis Dega, outro prisioneiro com quem Papillon desenvolveu uma amizade especial.

A história de Papillon é um testemunho da resiliência do espírito humano perante a adversidade. Apesar dos obstáculos aparentemente intransponíveis e dos anos de sofrimento na prisão, Papillon nunca desistiu do seu sonho de liberdade. A sua incrível determinação e coragem indomável acabaram por conduzir à sua fuga milagrosa e à revelação das atrocidades da prisão de Devil's Island. Esta continua a ser uma história inspiradora de perseverança, redenção e luta pela justiça.

17

THE INCREDIBLE STORY OF THE "MIRACLE ON THE HUDSON"

The Heroic Landing of US Airways Flight 1549

On 15 January 2009, US Airways flight 1549 wrote a spectacular page in aviation history by performing a breathtaking 'miracle' known as the 'Hudson Miracle'. The flight, piloted by Captain Chesley 'Sully' Sullenberger and First Officer Jeffrey Skiles, suffered a double engine failure shortly after take-off from LaGuardia airport in New York. The incredible emergency landing on the Hudson River saved the lives of the 155 people on board and became an example of composure, skill and leadership in crisis situations.

US Airways Flight 1549 was a scheduled flight from New York to Charlotte, North Carolina. Shortly after take-off, the plane hit a flock of birds, which severely damaged both its engines. The pilots lost all engine power and quickly realised that they could not reach a nearby airport.

Faced with an extremely serious situation and in a matter of moments, Captain Sully Sullenberger and First Officer Jeffrey Skiles had to make a crucial decision: to ditch the plane on the Hudson River, a highly risky and unprecedented manoeuvre. They knew that the lives of the 155 passengers and crew were at stake.

Sully Sullenberger manoeuvred the plane for a controlled water landing on the Hudson River, just a few minutes after the engines failed. The passengers were informed of the situation by the crew and asked to prepare for impact. The pilots achieved a soft landing on the icy waters of the Hudson River, with the aircraft remaining afloat thanks to its special design and the speed of the manoeuvre.

Once the aircraft had come to a stop, the passengers and crew were evacuated onto the wings of the aircraft and onto rescue boats, which quickly arrived on the scene. All occupants of the aircraft were rescued without serious injury, although some suffered minor injuries and symptoms of hypothermia due to the icy water.

The heroic ditching of US Airways Flight 1549 was greeted with relief and admiration around the world. The images of the plane floating on the Hudson River with passengers standing on the wings became iconic. The media quickly dubbed the event the "Hudson Miracle", a title that reflected the incredible achievement of the crew and rescue teams.

The subsequent investigation confirmed the skill and experience of the pilots, as well as their exemplary handling of the crisis situation. The simultaneous failure of the aircraft's two engines as a result of the bird strike was an extremely rare scenario, but the crew reacted in an exemplary manner by carrying out a safe ditching.

Commander Sully Sullenberger and First Officer Jeffrey Skiles have been widely hailed as heroes for their leadership in this critical situation. They have been invited to testify before the United States Congress on aviation safety, helping to improve safety procedures and protocols in the aviation industry.

The "Hudson Miracle" also inspired a film called "Sully", directed by Clint Eastwood and starring Tom Hanks as Sully Sullenberger. The film offered a more in-depth look at the incident and its consequences for the crew and passengers.

The story of US Airways Flight 1549 is a reminder of the importance of training, skill and calm in crisis situations. It also embodies humanity's ability to face adversity and overcome seemingly insurmountable challenges through dedication and determination. The "Miracle on the Hudson" remains an eternal testament to courage and leadership in exceptional circumstances.

A INCRÍVEL HISTÓRIA DO "MILAGRE NO HUDSON"

A aterragem heróica do voo 1549 da US Airways

Em 15 de janeiro de 2009, o voo 1549 da US Airways escreveu uma página espetacular na história da aviação ao realizar um "milagre" de cortar a respiração, conhecido como o "Milagre do Hudson". O voo, pilotado pelo Capitão Chesley "Sully" Sullenberger e pelo Primeiro Oficial Jeffrey Skiles, sofreu uma falha de dois motores pouco depois da descolagem do aeroporto de LaGuardia, em Nova Iorque. A incrível aterragem de emergência no rio Hudson salvou a vida das 155 pessoas a bordo e tornou-se um exemplo de serenidade, competência e liderança em situações de crise.

O voo 1549 da US Airways era um voo regular de Nova Iorque para Charlotte, na Carolina do Norte. Pouco depois da descolagem, o avião embateu num bando de pássaros, o que danificou gravemente os dois motores. Os pilotos perderam toda a potência dos motores e aperceberam-se rapidamente de que não conseguiriam chegar a um aeroporto próximo.

Confrontados com uma situação extremamente grave e numa questão de momentos, o capitão Sully Sullenberger e o primeiro oficial Jeffrey Skiles tiveram de tomar uma decisão crucial: abandonar o avião no rio Hudson, uma manobra altamente arriscada e sem precedentes. Eles sabiam que as vidas dos 155 passageiros e da tripulação estavam em jogo.

Sully Sullenberger manobrou o avião para uma aterragem controlada no rio Hudson, poucos minutos depois de os motores terem falhado. Os passageiros foram informados da situação pela tripulação e foi-lhes pedido que se preparassem para o impacto. Os pilotos conseguiram uma aterragem suave nas águas geladas do rio Hudson, tendo o avião permanecido à tona graças à sua conceção especial e à rapidez da manobra.

Após a paragem da aeronave, os passageiros e a tripulação foram evacuados para as asas da aeronave e para os barcos de salvamento, que chegaram rapidamente ao local. Todos os ocupantes do avião foram resgatados sem ferimentos graves, embora alguns tenham sofrido ferimentos ligeiros e sintomas de hipotermia devido à água gelada.

A heróica amaragem do voo 1549 da US Airways foi recebida com alívio e admiração em todo o mundo. As imagens do avião a flutuar no rio Hudson com os passageiros de pé sobre as asas tornaram-se icónicas. Os meios de comunicação social rapidamente apelidaram o acontecimento de "Milagre do Hudson", um título que reflectia o incrível feito da tripulação e das equipas de salvamento.

A investigação subsequente confirmou a perícia e a experiência dos pilotos, bem como a forma exemplar como lidaram com a situação de crise. A falha simultânea dos dois motores do avião em resultado do embate com a ave era um cenário extremamente raro, mas a tripulação reagiu de forma exemplar, efectuando uma amaragem segura.

O Comandante Sully Sullenberger e o Primeiro Oficial Jeffrey Skiles foram amplamente aclamados como heróis pela sua liderança nesta situação crítica. Foram convidados a testemunhar perante o Congresso dos Estados Unidos sobre segurança aérea, ajudando a melhorar os procedimentos e protocolos de segurança no sector da aviação.

O "Milagre do Hudson" também inspirou um filme chamado "Sully", realizado por Clint Eastwood e protagonizado por Tom Hanks no papel de Sully Sullenberger. O filme oferece uma visão mais aprofundada do incidente e das suas consequências para a tripulação e os passageiros.

A história do voo 1549 da US Airways recorda a importância da formação, da competência e da calma em situações de crise. Também personifica a capacidade da humanidade para enfrentar a adversidade e ultrapassar desafios aparentemente intransponíveis através da dedicação e determinação. O "Milagre no Hudson" continua a ser um testemunho eterno de coragem e liderança em circunstâncias excepcionais.

18

THE PINK DIAMOND FRAUD CASE (2003)

A scam with devastating consequences

2003 was marked by one of the biggest financial scams of all time, known as the pink diamond fraud. The affair shook the investment world, exposing the malicious ingenuity of individuals willing to do anything to enrich themselves at the expense of others.

It all began with a series of intriguing and tantalising announcements. Investors from all over the world were contacted by stockbrokers and companies specialising in alternative investments. These brokers presented them with a seemingly unique opportunity: investing in rare pink diamonds, an asset class renowned for its stability and high return potential.

Pink diamonds have long been considered a valuable form of investment due to their rarity and aesthetic appeal. The idea of investing in these natural gems, which appeared to be a safe bet, attracted a large number of investors, from novices to veterans.

The crooks behind this fraud had carefully devised their strategy. They claimed to have access to exclusive mines in South Africa and Australia, where the famous pink diamonds came from. They used fake certificates of authenticity, photos of fictitious mines and testimonials from so-called gem experts to bolster their credibility.

To seduce investors, the swindlers promised extremely high returns, well above what traditional investments could offer. They claimed that pink diamonds offered protection against inflation and economic fluctuations, making them even more attractive in a context of mistrust of traditional financial markets.

In addition, to give the impression that diamonds were real tangible assets, the swindlers offered investors the chance to keep their diamonds in secure safes, supposedly under high surveillance. This added an extra layer of confidence for those prepared to invest large sums of money.

The fraud was phenomenally successful at first. Investors flocked, hoping to make substantial gains from their investments in pink diamonds. The swindlers quickly cashed in the investors' money and continued to promise fabulous returns.

However, the truth was very different. The pink diamonds that the crooks had sold were nothing more than sophisticated imitations, created in a laboratory to resemble real gems. The fake certificates of authenticity and visual evidence were fabricated, creating an illusion of real value.

Over time, some investors began to ask questions. The promised returns were not forthcoming, and some even tried to get their diamonds back to have them valued by independent experts. Then the deception began to reveal itself.

Gemology experts quickly identified the pink diamonds as imitations. The scandal broke, and many investors found themselves in dire financial straits. They had invested considerable sums in a skilfully orchestrated scam.

The authorities immediately launched in-depth investigations to track down the crooks behind this pink diamond fraud. It turned out that the fraud organisation was large and well organised. It had operated on a global scale, using shell companies and offshore bank accounts to conceal the illegally acquired funds.

Arrests began to be made around the world, and the leaders of the scam were arrested and brought to justice. The victims, meanwhile, were faced with a bitter reality. Many had lost their entire savings, pensions and even their personal possessions.

The pink diamond scam has highlighted the importance of due diligence when investing, even in seemingly foolproof assets. It has also reinforced the need for stricter regulations to protect investors from such scams.

The consequences of this affair were devastating for many people. It left deep financial and emotional scars that lasted for years.

However, it also served as a resounding warning about the dangers of investments that are too good to be true, and about the importance of prudence and financial education.

The pink diamond fraud of 2003 will forever go down in history as a glaring example of human greed and the ability of a few unscrupulous individuals to exploit that greed for their own gain. It reminds investors around the world that prudence and vigilance are crucial virtues when it comes to managing their hard-earned money.

O CASO DA FRAUDE DOS DIAMANTES COR-DE-ROSA (2003)

Uma fraude com consequências devastadoras

O ano de 2003 foi marcado por uma das maiores fraudes financeiras de todos os tempos, conhecida como a fraude dos diamantes cor-de-rosa. O caso abalou o mundo dos investimentos, expondo o engenho malicioso de indivíduos dispostos a tudo para se enriquecerem à custa dos outros.

Tudo começou com uma série de anúncios intrigantes e tentadores. Investidores de todo o mundo foram contactados por corretores de bolsa e empresas especializadas em investimentos alternativos. Estes corretores apresentaram-lhes uma oportunidade aparentemente única: investir em diamantes cor-de-rosa raros, uma classe de activos conhecida pela sua estabilidade e elevado potencial de retorno.

Os diamantes cor-de-rosa foram durante muito tempo considerados uma forma de investimento valiosa devido à sua raridade e atração estética. A ideia de investir nestas gemas naturais, que pareciam ser uma aposta segura, atraiu um grande número de investidores, desde principiantes a veteranos.

Os criminosos por detrás desta fraude tinham planeado cuidadosamente a sua estratégia. Afirmavam ter acesso a minas exclusivas na África do Sul e na Austrália, de onde provinham os famosos diamantes cor-de-rosa. Para reforçar a sua credibilidade, utilizaram certificados de autenticidade falsos, fotografias de minas fictícias e testemunhos de supostos especialistas em pedras preciosas.

Para seduzir os investidores, os vigaristas prometiam rendimentos extremamente elevados, muito acima do que os investimentos tradicionais podiam oferecer. Alegavam que os diamantes cor-de-rosa ofereciam proteção contra a inflação e as flutuações económicas, o que os tornava ainda mais atractivos num contexto de desconfiança em relação aos mercados financeiros tradicionais.

Além disso, para dar a impressão de que os diamantes eram verdadeiros activos tangíveis, os vigaristas ofereciam aos investidores a possibilidade de guardarem os seus diamantes em cofres seguros, supostamente sob alta vigilância. Isto acrescentava uma camada extra de confiança para aqueles que estavam preparados para investir grandes somas de dinheiro.

No início, a fraude teve um êxito fenomenal. Os investidores afluíram em massa, na esperança de obterem ganhos substanciais com os seus investimentos em diamantes cor-de-rosa. Os vigaristas rapidamente levantaram o dinheiro dos investidores e continuaram a prometer rendimentos fabulosos.

No entanto, a verdade era muito diferente. Os diamantes cor-de-rosa que os vigaristas tinham vendido não passavam de imitações sofisticadas, criadas em laboratório para se assemelharem a pedras preciosas verdadeiras. Os certificados de autenticidade falsos e as provas visuais foram fabricados, criando uma ilusão de valor real.

Com o tempo, alguns investidores começaram a fazer perguntas. Os retornos prometidos não se concretizaram e alguns até tentaram recuperar os seus diamantes para que fossem avaliados por peritos independentes. Foi então que a fraude começou a revelar-se.

Os peritos em gemologia rapidamente identificaram os diamantes cor-de-rosa como imitações. O escândalo rebentou e muitos investidores viram-se em grandes dificuldades financeiras. Tinham investido somas consideráveis numa fraude habilmente orquestrada.

As autoridades lançaram imediatamente investigações aprofundadas para encontrar os criminosos por detrás desta fraude dos diamantes cor-de-rosa. Verificou-se que a organização fraudulenta era grande e bem organizada. Tinha operado à escala mundial, utilizando empresas de fachada e contas bancárias offshore para ocultar os fundos adquiridos ilegalmente.

Começaram a ser feitas detenções em todo o mundo e os líderes do esquema foram presos e levados à justiça. As vítimas, entretanto, foram confrontadas com uma amarga realidade. Muitas tinham perdido todas as suas poupanças, pensões e até os seus bens pessoais.

A fraude dos diamantes cor-de-rosa pôs em evidência a importância da devida diligência ao investir, mesmo em activos aparentemente infalíveis. Reforçou também a necessidade de uma regulamentação mais rigorosa para proteger os investidores deste tipo de fraudes.

As consequências deste caso foram devastadoras para muitas pessoas. Deixou profundas cicatrizes financeiras e emocionais que se prolongaram durante anos.

No entanto, serviu também como um aviso retumbante sobre os perigos dos investimentos demasiado bons para serem verdadeiros e sobre a importância da prudência e da educação financeira.

A fraude dos diamantes cor-de-rosa de 2003 ficará para sempre na história como um exemplo flagrante da ganância humana e da capacidade de alguns indivíduos sem escrúpulos para explorarem essa ganância em proveito próprio. Recorda aos investidores de todo o mundo que a prudência e a vigilância são virtudes cruciais quando se trata de gerir o seu dinheiro arduamente ganho.

19

THE INCREDIBLE STORY OF
MIKE COOTS

The man who overcame a shark attack to defend these marine predators

Mike Coots' story is both spectacular and inspiring. In 1997, as a teenager, Mike survived a shark attack that cost him his right leg. Rather than harbouring fear or hatred of these marine predators, he chose to dedicate his life to defending sharks and raising awareness of their conservation.

Mike Coots was a keen young surfer on the island of Kauai in Hawaii when he was attacked by a tiger shark while surfing with friends. The force of the animal was devastating, tearing off his right leg below the knee.

Despite the horror of the situation, Mike kept his cool and fought his way back to the beach.

This attack could have marked the end of his passion for surfing and his relationship with sharks, but Mike chose a different path. After rehabilitating and adapting to a prosthesis, he decided not to give in to fear or anger towards sharks. Instead, he set out to understand these fascinating creatures and to defend their conservation.

Mike dived head first into the world of underwater photography, using his personal experience to document sharks in their natural environment. He has travelled the world to swim with many different species of shark, from whale sharks to great white sharks. His photographs have captured the beauty and majesty of these marine predators, shattering the negative stereotypes that surround them.

But Mike didn't stop at capturing breathtaking images. He has become an active advocate for shark conservation, arguing for stricter protection measures and an end to the cruel and unsustainable practice of fishing sharks for their fins.

He has worked with environmental organisations and shared his story at conferences and presentations to raise public awareness of the importance of preserving sharks, which play a crucial role in the balance of marine ecosystems.

One of Mike Coots' most influential campaigns has been his advocacy for a ban on the sale and trade of shark products, particularly shark fins. He was instrumental in lobbying Hawaii to become the first US state to ban the trade in shark fins in 2010, a major success for shark conservation.

But Mike didn't stop there. He has also campaigned for the creation of marine sanctuaries and the protection of essential shark habitats. His voice and commitment have brought these crucial issues to the attention of the media and the general public.

In addition to his conservation work, Mike has also encouraged other victims of shark attacks to overcome their trauma and find meaning in their experience. He founded an organisation called 'Unstoppable', which aims to support and inspire shark attack survivors and promote understanding and protection of sharks. Mike Coots' story is living proof of human resilience and the ability to turn personal tragedy into a positive mission for the good of the planet. His passion for sharks and his determination to protect them have had a significant impact on raising awareness of the conservation of these iconic creatures.

Today, Mike continues his work to defend sharks and raise awareness of their conservation, showing that every individual can contribute to the preservation of our planet, even if it starts with a devastating personal experience. His story is a powerful reminder of man's ability to turn adversity into strength and positive action for the good of nature and society.

A INCRÍVEL HISTÓRIA DE
MIKE COOTS

O homem que superou um ataque de tubarão para defender estes predadores marinhos

A história de Mike Coots é simultaneamente espetacular e inspiradora. Em 1997, quando era adolescente, Mike sobreviveu a um ataque de tubarão que lhe custou a perna direita. Em vez de ter medo ou ódio por estes predadores marinhos, decidiu dedicar a sua vida à defesa dos tubarões e à sensibilização para a sua conservação.

Mike Coots era um jovem surfista entusiasta na ilha de Kauai, no Havai, quando foi atacado por um tubarão-tigre enquanto surfava com amigos. A força do animal foi devastadora, arrancando-lhe a perna direita abaixo do joelho. Apesar do horror da situação, Mike manteve a calma e lutou para regressar à praia.

Este ataque poderia ter marcado o fim da sua paixão pelo surf e da sua relação com os tubarões, mas Mike escolheu um caminho diferente. Depois de se reabilitar e de se adaptar a uma prótese, decidiu não ceder ao medo ou à raiva dos tubarões. Em vez disso, decidiu compreender estas criaturas fascinantes e defender a sua conservação.

Mike mergulhou de cabeça no mundo da fotografia subaquática, utilizando a sua experiência pessoal para documentar tubarões no seu ambiente natural. Viajou pelo mundo para nadar com muitas espécies diferentes de tubarões, desde tubarões-baleia a grandes tubarões brancos. As suas fotografias captaram a beleza e a majestade destes predadores marinhos, quebrando os estereótipos negativos que os rodeiam.

Mas Mike não se limitou a captar imagens de cortar a respiração. Tornou-se um defensor ativo da conservação dos tubarões, defendendo medidas de proteção mais rigorosas e o fim da prática cruel e insustentável de pescar tubarões pelas barbatanas.

Trabalhou com organizações ambientais e partilhou a sua história em conferências e apresentações para sensibilizar o público para a importância da preservação dos tubarões, que desempenham um papel crucial no equilíbrio dos ecossistemas marinhos.

Uma das campanhas mais influentes de Mike Coots tem sido a sua defesa da proibição da venda e do comércio de produtos de tubarão, nomeadamente barbatanas de tubarão. Ele foi fundamental para pressionar o Havai a tornar-se o primeiro estado dos EUA a proibir o comércio de barbatanas de tubarão em 2010, um grande sucesso para a conservação dos tubarões.

Mas Mike não se ficou por aqui. Também fez campanha para a criação de santuários marinhos e para a proteção de habitats essenciais para os tubarões. A sua voz e o seu empenho chamaram a atenção dos meios de comunicação social e do público em geral para estas questões cruciais.

Para além do seu trabalho de conservação, Mike também encorajou outras vítimas de ataques de tubarões a ultrapassarem o seu trauma e a encontrarem sentido na sua experiência. Fundou uma organização chamada "Unstoppable", que tem por objetivo apoiar e inspirar os sobreviventes de ataques de tubarões e promover a compreensão e a proteção dos tubarões. A história de Mike Coots é a prova viva da resiliência humana e da capacidade de transformar a tragédia pessoal numa missão positiva para o bem do planeta. A sua paixão pelos tubarões e a sua determinação em protegê-los tiveram um impacto significativo na sensibilização para a conservação destas criaturas icónicas.

Atualmente, Mike continua o seu trabalho de defesa dos tubarões e de sensibilização para a sua conservação, mostrando que cada indivíduo pode contribuir para a preservação do nosso planeta, mesmo que isso comece com uma experiência pessoal devastadora. A sua história é um poderoso lembrete da capacidade do homem para transformar a adversidade em força e ação positiva para o bem da natureza e da sociedade.

20

THE DISCOVERY OF THE TREASURE OF THE WRECK OF THE SAN JOSÉ

Buried Treasure Worth Billions of Dollars

The story of the discovery of the treasure from the wreck of the San José is a spectacular maritime saga that has captivated the world and revealed a priceless treasure sunk in the depths of the ocean for more than three centuries. The wreck of the San José, a Spanish warship laden with precious riches, was discovered off the coast of Colombia in 2015, revealing a treasure estimated to be worth billions of dollars.

The story goes back to the early 18th century, during the golden age of piracy and rivalry between the great

European maritime powers. The San José, a Spanish warship, was laden with an incalculable treasure of gold, silver, jewels and precious jewels, intended to finance the War of the Spanish Succession.

On 8 June 1708, during a fierce battle, the San José was sunk by the British fleet off the coast of what is now Colombia. The ship quickly sank to the depths of the Caribbean Sea, taking its priceless treasure and a large part of its crew with it.

For centuries, the San José and her treasure were lost to oblivion, becoming a legend of the sea. Researchers and treasure hunters from all over the world have tried to locate the wreck, but to no avail. The true location of the San José remains one of the most famous mysteries in maritime history.

Everything changed in November 2015, when Colombian researchers announced an extraordinary discovery. They had located the wreck of the San José at a depth of around 800 metres off the coast of Cartagena, Colombia. The news quickly went around the world, sparking intense interest and many questions about the nature of the sunken treasure.

The wreck of the San José was incredibly well preserved due to the depth at which it was found. Underwater images revealed a glittering treasure trove of thousands of gold and silver coins, bronze objects, bronze cannons and other precious artefacts. The site was littered with treasures, some still in their original wooden chests.

The announcement of the discovery immediately sparked off legal and diplomatic debates, as the issue of ownership and distribution of the treasure was complex. Colombia, Spain and the descendants of the sailors on board the San José all claimed rights to the treasure. Years of negotiations and litigation followed, with considerable financial stakes involved.

One of the most fascinating elements of this story is the mysterious inscription found on one of the bells in the wreck. The inscription, which comprises a series of numbers and letters, has become the subject of speculation and theorising. Some have suggested that it could contain clues to the treasure itself, while others believe that it could be linked to secret codes from the era.

The discovery of the San José's treasure has also rekindled interest in maritime history and the search for treasure. It has been celebrated as one of the most important archaeological discoveries in recent history, not only because of the financial value of the treasure, but also because of its historical and cultural significance.

Archaeological research into the wreck and treasure of the San José continues, with the hope of uncovering more clues to its history and destination. The discovery continues to fire the public imagination and serve as a reminder that, even after centuries of oblivion, lost treasures can be found in the depths of the sea.

The story of the treasure from the wreck of the San José is a spectacular reminder of the richness of maritime history and humanity's incredible power of discovery. It shows that, even in our modern world, hidden treasures can be found, bringing with them fascinating tales of the past and sunken wonders.

A DESCOBERTA DO TESOURO DO NAUFRÁGIO DO SAN JOSÉ

Tesouro enterrado no valor de milhares de milhões de dólares

A história da descoberta do tesouro do naufrágio do San José é uma saga marítima espetacular que cativou o mundo e revelou um tesouro inestimável afundado nas profundezas do oceano há mais de três séculos. O naufrágio do San José, um navio de guerra espanhol carregado de riquezas preciosas, foi descoberto ao largo da costa da Colômbia em 2015, revelando um tesouro avaliado em milhares de milhões de dólares.

A história remonta ao início do século XVIII, durante o período áureo da pirataria e da rivalidade entre as grandes potências marítimas europeias. O San José, um navio de guerra espanhol, estava carregado com um tesouro incalculável de ouro, prata, jóias e jóias preciosas, destinado a financiar a Guerra da Sucessão Espanhola.

Em 8 de junho de 1708, durante uma batalha feroz, o San José foi afundado pela frota britânica ao largo da atual

179

Colômbia. O navio afundou-se rapidamente nas profundezas do Mar das Caraíbas, levando consigo o seu tesouro inestimável e uma grande parte da sua tripulação.

Durante séculos, o San José e o seu tesouro perderam-se no esquecimento, tornando-se uma lenda do mar. Investigadores e caçadores de tesouros de todo o mundo tentaram localizar o naufrágio, mas sem sucesso. A verdadeira localização do San José continua a ser um dos mais famosos mistérios da história marítima.

Tudo mudou em novembro de 2015, quando investigadores colombianos anunciaram uma descoberta extraordinária. Tinham localizado o naufrágio do San José a uma profundidade de cerca de 800 metros ao largo da costa de Cartagena, na Colômbia. A notícia correu rapidamente o mundo, suscitando um grande interesse e muitas perguntas sobre a natureza do tesouro afundado.

O naufrágio do San José estava incrivelmente bem preservado devido à profundidade a que foi encontrado. As imagens subaquáticas revelaram um tesouro cintilante de milhares de moedas de ouro e prata, objectos de bronze, canhões de bronze e outros artefactos preciosos. O local estava repleto de tesouros, alguns ainda nas suas arcas de madeira originais.

O anúncio da descoberta deu imediatamente início a debates jurídicos e diplomáticos, uma vez que a questão da propriedade e da distribuição do tesouro era complexa. A Colômbia, a Espanha e os descendentes dos marinheiros a bordo do San José reclamavam os direitos sobre o tesouro. Seguiram-se anos de negociações e de litígios, com grandes riscos financeiros envolvidos.

Um dos elementos mais fascinantes desta história é a misteriosa inscrição encontrada num dos sinos do naufrágio. A inscrição, que compreende uma série de números e letras, tornou-se objeto de especulação e teorização. Alguns sugeriram que poderia conter pistas sobre o próprio tesouro, enquanto outros acreditam que poderia estar ligada a códigos secretos da época.

A descoberta do tesouro do San José também reacendeu o interesse pela história marítima e pela procura de tesouros. Foi celebrada como uma das descobertas arqueológicas mais importantes da história recente, não só pelo valor económico do tesouro, mas também pelo seu significado histórico e cultural.

A investigação arqueológica sobre o naufrágio e o tesouro do San José continua, na esperança de descobrir mais pistas sobre a sua história e destino. A descoberta continua a despertar a imaginação do público e serve para lembrar que, mesmo após séculos de esquecimento, é possível encontrar tesouros perdidos nas profundezas do mar.

A história do tesouro do naufrágio do San José é uma recordação espetacular da riqueza da história marítima e do incrível poder de descoberta da humanidade. Mostra que, mesmo no nosso mundo moderno, é possível encontrar tesouros escondidos, que trazem consigo histórias fascinantes do passado e maravilhas afundadas.

21

THE ROBBERY OF THE CENTURY IN FRANCE

The Bank of France heist

The spectacular story of the 'Robbery of the Century', as it is often called, is a tale of criminal daring and ingenuity that shocked the world in 1976. This memorable robbery saw a group of criminals steal hundreds of millions of French francs from the Banque de France, triggering an international manhunt and leaving investigators baffled.

The story begins in the small town of Mâcon, France, where a man called Albert Spaggiari, a well-known criminal, assembles a team of talented accomplices. Spaggiari already had a notorious criminal past and was known for his cunning and successful escape from Nice prison in 1971.

On 16 July 1976, the Spaggiari group put into action a daring plan to rob the Banque de France in Nice, one of the country's best-guarded financial institutions. Their plan was complex and elaborate, involving a combination of technical skill, knowledge of bank security systems and meticulous planning.

The criminals dug a 7-metre-long tunnel from the city's sewers to the bank's vault. The tunnel was so narrow that the criminals had to walk on their knees, but it was large enough to carry their loot.

The robbery took place over a three-day weekend, when the bank was closed for 14 July, the French bank holidays. The robbers broke through the wall of the vault, opening a hole the size of a briefcase, and then began filling bags with banknotes and gold bars. In all, they stole the equivalent of several hundred million French francs, an astronomical sum at the time.

After committing their crime, the criminals escaped through the tunnel and disappeared into the night. The next morning, when the bank's employees arrived for work, they discovered the extent of the theft and immediately alerted the authorities.

The investigation that followed was a nightmare for the French police. The criminals had left little tangible evidence behind, and their escape through the sewers had made it difficult to gather evidence. What's more, Spaggiari and his team had been careful not to leave any fingerprints or DNA traces at the crime scene.

Instead of hiding, Albert Spaggiari chose to openly mock the French authorities. He sent a letter of claim to the media and investigators, declaring: "No weapons, no hatred, no violence". This letter helped to make him something of a folk hero in France, where some nicknamed him "the invisible man".

For several years, Spaggiari remained on the run, hiding in various countries and regularly changing his name and identity. The French authorities issued an international arrest warrant, but had difficulty locating him.

Finally, in 1987, almost eleven years after the initial robbery, Spaggiari was captured in Argentina thanks to collaboration between the French and Argentine authorities. However, Spaggiari's extradition to France was a long and complex process, and he finally died of cancer in prison in 1989, before going on trial.

The Banque de France robbery was a sensational affair that captured the imagination of the public and the media. It has been adapted for film and television, and remains one of the most famous bank robberies in history.

The story of the "Robbery of the Century" is a spectacular reminder not only of the human capacity to plan and execute daring crimes, but also of the determination of the authorities to track down criminals and bring them to justice, even if it takes years to do so. It also showed how a charismatic and cunning individual can become a legendary figure, whether as a hero or a villain, in the collective imagination.

O ROUBO DO SÉCULO EM FRANÇA

A Caixa do Banco de França

A espetacular história do "Roubo do Século", como é frequentemente chamado, é um conto de audácia e engenho criminoso que chocou o mundo em 1976. Este assalto memorável viu um grupo de criminosos roubar centenas de milhões de francos franceses do Banque de France, desencadeando uma caça ao homem internacional e deixando os investigadores perplexos.

A história começa na pequena cidade de Mâcon, em França, onde um homem chamado Albert Spaggiari, um conhecido criminoso, reúne uma equipa de cúmplices talentosos. Spaggiari já tinha um passado criminoso notório e era conhecido pela sua fuga astuta e bem sucedida da prisão de Nice em 1971.

Em 16 de julho de 1976, o grupo Spaggiari pôs em prática um plano audacioso para roubar o Banco de França em Nice, uma das instituições financeiras mais bem guardadas do país. O seu plano era complexo e elaborado, envolvendo uma combinação de competências técnicas, conhecimento dos sistemas de segurança dos bancos e um planeamento meticuloso.

Os criminosos escavaram um túnel de 7 metros de comprimento desde os esgotos da cidade até ao cofre do banco. O túnel era tão estreito que os criminosos tinham de andar de joelhos, mas era suficientemente grande para transportar o seu saque.

O assalto ocorreu durante um fim de semana de três dias, quando o banco estava encerrado por causa do feriado de 14 de julho, em França. Os assaltantes quebraram a parede do cofre, abrindo um buraco do tamanho de uma pasta, e começaram a encher sacos com notas e barras de ouro. No total, roubaram o equivalente a várias centenas de milhões de francos franceses, uma soma astronómica para a época.

Depois de cometerem o crime, os criminosos fugiram pelo túnel e desapareceram na noite. Na manhã seguinte, quando os empregados do banco chegaram ao trabalho, descobriram a dimensão do roubo e alertaram imediatamente as autoridades.

A investigação que se seguiu foi um pesadelo para a polícia francesa. Os criminosos tinham deixado poucas provas tangíveis para trás e a sua fuga pelos esgotos tinha dificultado a recolha de provas. Além disso, Spaggiari e a sua equipa tinham tido o cuidado de não deixar impressões digitais ou vestígios de ADN no local do crime.

Em vez de se esconder, Albert Spaggiari optou por gozar abertamente com as autoridades francesas. Enviou uma carta de reivindicação aos meios de comunicação social e aos investigadores, declarando: "Sem armas, sem ódio, sem violência". Esta carta contribuiu para o tornar numa espécie de herói popular em França, onde alguns o apelidaram de "o homem invisível".

Durante vários anos, Spaggiari manteve-se em fuga, escondendo-se em vários países e mudando regularmente de nome e de identidade. As autoridades francesas emitiram um mandado de captura internacional, mas tiveram dificuldade em localizá-lo.

Finalmente, em 1987, quase onze anos após o roubo inicial, Spaggiari foi capturado na Argentina graças à colaboração entre as autoridades francesas e argentinas. No entanto, a extradição de Spaggiari para França foi um processo longo e complexo, tendo este acabado por morrer de cancro na prisão em 1989, antes de ser julgado.

O assalto ao Banque de France foi um caso sensacional que captou a imaginação do público e dos meios de comunicação social. Foi adaptado ao cinema e à televisão e continua a ser um dos assaltos a bancos mais famosos da história.

A história do "Roubo do Século" é uma recordação espetacular não só da capacidade humana de planear e executar crimes audaciosos, mas também da determinação das autoridades em localizar os criminosos e levá-los a tribunal, mesmo que isso demore anos. Mostrou também como um indivíduo carismático e astuto pode tornar-se uma figura lendária, quer como herói quer como vilão, no imaginário coletivo.

22

THE SPACEX EXPEDITION
SPECTACULAR

A Giant Step Towards Space
Commercialisation

On 30 May 2020, the world witnessed a spectacular and historic event when SpaceX, the space exploration company founded by Elon Musk, successfully launched two American astronauts to the International Space Station (ISS) aboard the Crew Dragon capsule. This mission, known as Demo-2, marked a turning point in the history of space exploration by paving the way for the commercialisation of access to space.

SpaceX's history dates back to 2002, when Elon Musk founded the company with the bold ambition of reducing the cost of access to space and making the colonisation of Mars possible. For years, SpaceX has worked on developing reusable rockets and innovative technologies to revolutionise the space sector.

The Demo-2 mission was the crowning achievement of these efforts. It was the first manned space mission to be launched from US soil in almost nine years, since the end of NASA's space shuttle programme in 2011. It also symbolised the transition to a commercial model of space exploration, with private companies playing a leading role.

The Crew Dragon spacecraft, designed by SpaceX, was the vehicle used for this historic mission. The main objective of Demo-2 was to test the capsule in real conditions with a crew on board, in order to validate its safety and efficiency for future missions to the ISS.

The two astronauts chosen for this mission were NASA veterans Douglas Hurley and Robert Behnken. On 30 May 2020, at 3.22pm US East Coast time, SpaceX's Falcon 9 launch vehicle lifted off from Kennedy Space Center in Florida, carrying Crew Dragon and its precious crew.

The ascent was spectacular, and millions of viewers around the world followed the launch live. The sense of excitement and anticipation was palpable, because this mission represented much more than just a journey to the ISS. It symbolised the future space exploration, where private companies could play a key role in access to space.

After a 19-hour journey through space, Crew Dragon successfully docked to the International Space Station on 31 May 2020. The docking was performed autonomously, demonstrating the precision and reliability of the system developed by SpaceX. When Crew Dragon's doors were opened, the astronauts were warmly welcomed by the ISS crew. This symbolic meeting marked a historic milestone in international cooperation in space, with SpaceX becoming the first commercial carrier to crew the station.

Over the next two months, Hurley and Behnken worked closely with astronauts from NASA and international space agencies aboard the ISS. They carried out scientific experiments, performed spacewalks for repairs and contributed to the daily operations of the station.

On 2 August 2020, after 64 days aboard the ISS, Crew Dragon detached from the space station to begin its journey back to Earth. On 2 August, at 2.48pm East Coast time, the spacecraft returned safely to the Atlantic Ocean near the coast of Pensacola, Florida.

The ditching was a spectacular moment, bringing the Demo-2 mission to a successful conclusion. The astronauts were recovered by the SpaceX recovery team and returned to Earth, marking the successful conclusion of this historic mission.

SpaceX's Demo-2 mission was a resounding success in many ways. Not only did it validate the safety and reliability of the Crew Dragon spacecraft, it also opened the door to a new and exciting era of commercial space exploration.

Since then, SpaceX has continued to fly supply and crew missions to the ISS, helping to maintain a continuous human presence in space. The company is also planning missions to the Moon and Mars in the near future, continuing the bold vision of its founder, Elon Musk.

The Demo-2 mission will go down in the annals of space exploration history as a major turning point, a spectacular example of what human ingenuity and determination can achieve. It reminded the world that space is within humanity's grasp, and that we are at the dawn of an exciting era of discovery and exploration in the infinite universe that surrounds us.

A EXPEDIÇÃO SPACEX

ESPETACULAR

Um passo de gigante em direção à comercialização do espaço

Em 30 de maio de 2020, o mundo assistiu a um acontecimento espetacular e histórico quando a SpaceX, a empresa de exploração espacial fundada por Elon Musk, lançou com sucesso dois astronautas americanos para a Estação Espacial Internacional (ISS) a bordo da cápsula Crew Dragon. Esta missão, conhecida como Demo-2, marcou um ponto de viragem na história da exploração espacial, abrindo caminho para a comercialização do acesso ao espaço.

A história da SpaceX remonta a 2002, quando Elon Musk fundou a empresa com a ambição arrojada de reduzir o custo do acesso ao espaço e tornar possível a colonização de Marte. Durante anos, a SpaceX trabalhou no desenvolvimento de foguetões reutilizáveis e de tecnologias inovadoras para revolucionar o sector espacial.

A missão Demo-2 foi o coroamento destes esforços. Foi a primeira missão espacial tripulada a ser lançada a partir de solo americano em quase nove anos, desde o fim do programa de vaivéns espaciais da NASA em 2011. Simbolizou também a transição para um modelo comercial de exploração espacial, com empresas privadas a desempenhar um papel de liderança.

A nave Crew Dragon, concebida pela SpaceX, foi o veículo utilizado para esta missão histórica. O principal objetivo da Demo-2 era testar a cápsula em condições reais com uma tripulação a bordo, a fim de validar a sua segurança e eficiência para futuras missões à ISS.

Os dois astronautas escolhidos para esta missão foram os veteranos da NASA Douglas Hurley e Robert Behnken. Em 30 de maio de 2020, às 15h22, hora da Costa Leste dos EUA, o veículo de lançamento Falcon 9 da SpaceX descolou do Centro Espacial Kennedy, na Florida, transportando a Crew Dragon e a sua preciosa tripulação.

A subida foi espetacular e milhões de espectadores em todo o mundo seguiram o lançamento em direto. A sensação de excitação e antecipação era palpável, porque esta missão representava muito mais do que apenas uma viagem à ISS. Simbolizava o futuro exploração espacial, em que as empresas privadas poderiam desempenhar um papel fundamental no acesso ao espaço.

Após uma viagem de 19 horas pelo espaço, a Crew Dragon acoplou com sucesso à Estação Espacial Internacional em 31 de maio de 2020. A acoplagem foi realizada de forma autónoma, demonstrando a precisão e a fiabilidade do sistema desenvolvido pela SpaceX. Quando as portas da Crew Dragon foram abertas, os astronautas foram calorosamente recebidos pela tripulação da ISS. Este encontro simbólico assinalou um marco histórico na cooperação internacional no espaço, com a SpaceX a tornar-se a primeira transportadora comercial a tripular a estação.

Durante os dois meses seguintes, Hurley e Behnken trabalharam em estreita colaboração com astronautas da NASA e de agências espaciais internacionais a bordo da ISS. Realizaram experiências científicas, fizeram caminhadas espaciais para reparações e contribuíram para as operações diárias da estação.

Em 2 de agosto de 2020, após 64 dias a bordo da ISS, a Crew Dragon desprendeu-se da estação espacial para iniciar a sua viagem de regresso à Terra. No dia 2 de agosto, às 14h48, hora da Costa Leste, a nave espacial regressou em segurança ao Oceano Atlântico, perto da costa de Pensacola, na Florida.

A amaragem foi um momento espetacular, que levou a missão Demo-2 a uma conclusão bem sucedida. Os astronautas foram recuperados pela equipa de recuperação da SpaceX e regressaram à Terra, marcando a conclusão bem sucedida desta missão histórica.

A missão Demo-2 da SpaceX foi um sucesso retumbante em muitos aspectos. Não só validou a segurança e a fiabilidade da nave Crew Dragon, como também abriu a porta a uma nova e excitante era de exploração espacial comercial.

Desde então, a SpaceX tem continuado a efetuar missões de abastecimento e de tripulação à ISS, ajudando a manter uma presença humana contínua no espaço. A empresa está também a planear missões à Lua e a Marte num futuro próximo, dando continuidade à visão arrojada do seu fundador, Elon Musk.

A missão Demo-2 ficará nos anais da história da exploração espacial como um importante ponto de viragem, um exemplo espetacular do que o engenho e a determinação humanos podem alcançar. Recordou ao mundo que o espaço está ao alcance da humanidade e que estamos no início de uma era excitante de descoberta e exploração do universo infinito que nos rodeia.

23

THE BERMUDA TRIANGLE

The Unsolved Mystery of the Disappearance Zone

The Bermuda Triangle is one of the most famous and enigmatic mysteries in maritime history. This area, located in the Atlantic Ocean between Florida, Bermuda and Puerto Rico, has become synonymous with the mysterious disappearance of planes, ships and people over the years. Although many theories have been put forward to explain these disappearances, the mystery of the Bermuda Triangle remains largely unsolved.

The term "Bermuda Triangle" was popularised in the 1960s by author Vincent Gaddis in his book "Invisible Horizons: True Mysteries of the Sea". Since then, it has become a common term to describe the area where these mysteries occur.

The mystery of the Bermuda Triangle began to attract public attention in the 1940s and 1950s, when several ships and aircraft disappeared without a trace as they passed through the area. One of the most famous cases was the disappearance of Flight 19 in December 1945. This group of five US Navy torpedo planes took off from Fort Lauderdale, Florida, for a training exercise and never returned. The search teams also lost track of a rescue seaplane sent to rescue them. In all, 27 people disappeared that day.

The Bermuda Triangle has also become the scene of numerous ship disappearances. One of the most famous ships to have disappeared in the area was the SS Cyclops, an American cargo ship carrying manganese, which vanished in March 1918 with a crew of 309 on board. No wreckage or trace of the ship has ever been found.

Disappearances in the Bermuda Triangle have often been surrounded by strange and inexplicable circumstances. The radios of planes and ships have sometimes emitted incoherent messages or distress signals before disappearing. In other cases, ships have been found drifting without any crew on board, as if they had been suddenly abandoned.

Many theories have been put forward to explain the disappearances from the Bermuda Triangle, ranging from rational explanations to more fantastical speculations. Rational explanations include unpredictable weather conditions in the region, navigational errors, mechanical malfunctions and communication problems. Some experts believe that the concentrations of methane gas in the water could lead to disturbances in the buoyancy of the ships, causing them to sink.

Other theories tend to be more speculative, involving supernatural or extraterrestrial explanations. Some have put forward the idea that aliens abducted the missing people and objects, while others have spoken of time portals or vortexes that sucked up the ships and planes.

However, it is important to note that many experts dismiss these more fanciful theories as lacking any scientific basis.

Despite much speculation and investigation over the years, the mystery of the Bermuda Triangle remains largely unsolved. Disappearances continue to occur from time to time, albeit to a lesser extent than when the mystery was first discovered.

The true explanation for the disappearances in the Bermuda Triangle remains the subject of debate and research, but the mystery continues to fascinate and intrigue audiences around the world. The Bermuda Triangle remains one of the greatest mysteries of our time, a place where reality and legend merge, leaving behind an aura of unfathomable mystery.

O TRIÂNGULO DAS BERMUDAS

O mistério não resolvido da Zona de Desaparecimento

O Triângulo das Bermudas é um dos mistérios mais famosos e enigmáticos da história marítima. Esta área, localizada no Oceano Atlântico entre a Florida, as Bermudas e Porto Rico, tornou-se sinónimo do misterioso desaparecimento de aviões, navios e pessoas ao longo dos anos. Apesar de terem sido avançadas muitas teorias para explicar estes desaparecimentos, o mistério do Triângulo das Bermudas continua, em grande parte, por resolver.

O termo "Triângulo das Bermudas" foi popularizado nos anos 60 pelo autor Vincent Gaddis no seu livro "Invisible Horizons: Verdadeiros Mistérios do Mar". Desde então, tornou-se um termo comum para descrever a área onde estes mistérios ocorrem.

O mistério do Triângulo das Bermudas começou a atrair a atenção do público nas décadas de 1940 e 1950, quando vários navios e aviões desapareceram sem deixar rasto ao passarem pela zona. Um dos casos mais famosos foi o desaparecimento do voo 19, em dezembro de 1945. Este grupo de cinco aviões torpedeiros da Marinha dos EUA descolou de Fort Lauderdale, na Florida, para um exercício de treino e nunca mais regressou. As equipas de busca também perderam o rasto de um hidroavião de salvamento enviado para os resgatar. No total, 27 pessoas desapareceram nesse dia.

O Triângulo das Bermudas também foi palco de numerosos desaparecimentos de navios. Um dos navios mais famosos que desapareceram na zona foi o SS Cyclops, um cargueiro americano que transportava manganês e que desapareceu em março de 1918 com uma tripulação de 309 pessoas a bordo. Nunca foram encontrados quaisquer destroços ou vestígios do navio.

Os desaparecimentos no Triângulo das Bermudas têm sido frequentemente rodeados de circunstâncias estranhas e inexplicáveis. Por vezes, os rádios de aviões e navios emitiram mensagens incoerentes ou sinais de socorro antes de desaparecerem. Noutros casos, foram encontrados navios à deriva sem tripulação a bordo, como se tivessem sido subitamente abandonados.

Muitas teorias têm sido avançadas para explicar os desaparecimentos no Triângulo das Bermudas, desde explicações racionais a especulações mais fantasiosas. As explicações racionais incluem condições climatéricas imprevisíveis na região, erros de navegação, avarias mecânicas e problemas de comunicação. Alguns especialistas acreditam que as concentrações de gás metano na água poderiam levar a perturbações na flutuabilidade dos navios, provocando o seu afundamento.

Outras teorias tendem a ser mais especulativas, envolvendo explicações sobrenaturais ou extraterrestres. Alguns avançaram a ideia de que extraterrestres raptaram as pessoas e objectos desaparecidos, enquanto outros falaram de portais do tempo ou vórtices que sugaram as naves e aviões.

No entanto, é importante notar que muitos especialistas rejeitam estas teorias mais fantasiosas por não terem qualquer base científica.

Apesar de muita especulação e investigação ao longo dos anos, o mistério do Triângulo das Bermudas continua, em grande parte, por resolver. Os desaparecimentos continuam a ocorrer de tempos a tempos, embora em menor escala do que quando o mistério foi descoberto pela primeira vez.

A verdadeira explicação para os desaparecimentos no Triângulo das Bermudas continua a ser objeto de debate e investigação, mas o mistério continua a fascinar e a intrigar audiências em todo o mundo. O Triângulo das Bermudas continua a ser um dos maiores mistérios do nosso tempo, um lugar onde a realidade e a lenda se fundem, deixando para trás uma aura de mistério insondável.

24

THE MYSTERY OF FLIGHT MH370

The Riddle of the Missing Plane

Malaysia Airlines flight MH370 is one of the most baffling and notorious mysteries in the history of modern aviation. On 8 March 2014, this airliner disappeared in flight with 239 people on board, triggering an unprecedented international search that has lasted for years and remains largely unsolved to this day.

Flight MH370 left Kuala Lumpur International Airport in Malaysia bound for Beijing, China. On board were 227 passengers and 12 crew members. The flight appeared to be proceeding normally until it reached Vietnamese airspace, when it disappeared from civilian radar. Vietnamese air traffic controllers tried in vain to regain contact with the plane.

The mystery of flight MH370 was compounded by the fact that the plane's communication systems appeared to have been intentionally disabled. Investigators discovered that someone on board had switched off the transponders, which transmit crucial flight information, as well as the ACARS communication system, which automatically sends out aircraft performance data.

After the plane disappeared, a vast search operation was launched, covering an area of the Indian Ocean the size of Western Europe. The search involved many countries, ships, aircraft and even submarines. Despite considerable efforts, no significant debris or trace of the plane was found for many months.

The mystery of flight MH370 has given rise to many theories and speculations. One of the first theories put forward was that an act of terrorism had caused the plane to disappear. However, no terrorist claims have been made, and investigators have found no evidence of the involvement of a terrorist group.

Another theory suggested that the pilots or one of the crew members had hijacked the plane intentionally. Extensive background investigations on the crew members revealed no apparent motive for such an action.

As the search continued, debris began to appear on the shores of the Indian Ocean, particularly on the island of La Réunion. This debris was confirmed as coming from flight MH370, confirming that the plane had crashed into the ocean. However, the area of the ocean where the plane could have crashed remains immense and difficult to access, which has complicated the search for the remains of the plane and its passengers.

Investigators examined satellite data in an attempt to retrace the plane's route after it disappeared from radar. This data led to the conclusion that the plane had probably continued to fly for several hours after it disappeared from radar screens, before crashing into the Indian Ocean.

Despite these discoveries, many questions remain unanswered. The main question is why the plane deviated from its planned trajectory and why the communication systems were disabled. The motives of those on board and the circumstances surrounding the disappearance remain a mystery.

Flight MH370 has not only been a challenge for investigators, it has also been a devastating tragedy for the families of the passengers and crew.

The uncertainty and lack of clear answers have added to their pain and grief. In 2018, the Malaysian government officially ended the underwater search for the wreckage of the plane. However, the mystery of flight MH370 continues to haunt global aviation and provoke debate and theories. The families of the victims are still demanding the truth and hope one day to obtain answers about what happened to their loved ones.

Flight MH370 remains one of the greatest unsolved mysteries in aviation history, a poignant reminder of the enigma that can surround even the most modern and well-documented events.

O MISTÉRIO DO VOO MH370

O enigma do avião desaparecido

O voo MH370 da Malaysia Airlines é um dos mistérios mais desconcertantes e notórios da história da aviação moderna. A 8 de março de 2014, este avião desapareceu durante o voo com 239 pessoas a bordo, desencadeando uma busca internacional sem precedentes que durou anos e continua, em grande parte, por resolver até hoje.

O voo MH370 partiu do Aeroporto Internacional de Kuala Lumpur, na Malásia, com destino a Pequim, na China. A bordo estavam 227 passageiros e 12 membros da tripulação. O voo parecia estar a decorrer normalmente até chegar ao espaço aéreo vietnamita, altura em que desapareceu dos radares civis. Os controladores aéreos vietnamitas tentaram em vão recuperar o contacto com o avião.

O mistério do voo MH370 foi agravado pelo facto de os sistemas de comunicação do avião parecerem ter sido intencionalmente desactivados. Os investigadores descobriram que alguém a bordo tinha desligado os transponders, que transmitem informações cruciais sobre o voo, bem como o sistema de comunicação ACARS, que envia automaticamente dados sobre o desempenho do avião.

Após o desaparecimento do avião, foi lançada uma vasta operação de busca, cobrindo uma área do Oceano Índico do tamanho da Europa Ocidental. A busca envolveu muitos países, navios, aviões e até submarinos. Apesar dos esforços consideráveis, durante muitos meses não foram encontrados quaisquer destroços ou vestígios significativos do avião.

O mistério do voo MH370 deu origem a muitas teorias e especulações. Uma das primeiras teorias avançadas foi a de que um ato de terrorismo teria provocado o desaparecimento do avião. No entanto, não foram feitas quaisquer alegações de terrorismo e os investigadores não encontraram provas do envolvimento de um grupo terrorista.

Outra teoria sugeria que os pilotos ou um dos membros da tripulação tinham desviado o avião intencionalmente. Investigações exaustivas sobre os antecedentes dos membros da tripulação não revelaram qualquer motivo aparente para tal ação.

À medida que as buscas prosseguiam, começaram a aparecer destroços nas costas do Oceano Índico, nomeadamente na ilha da Reunião. Estes destroços foram confirmados como sendo provenientes do voo MH370, confirmando que o avião se tinha despenhado no oceano. No entanto, a zona do oceano onde o avião poderia ter-se despenhado continua a ser imensa e de difícil acesso, o que dificultou a procura dos restos mortais do avião e dos seus passageiros.

Os investigadores examinaram dados de satélite numa tentativa de reconstituir a rota do avião depois de ter desaparecido dos radares. Estes dados levaram à conclusão de que o avião teria provavelmente continuado a voar durante várias horas após ter desaparecido dos radares, antes de se despenhar no Oceano Índico.

Apesar destas descobertas, muitas questões continuam sem resposta. A principal questão é saber porque é que o avião se desviou da trajetória planeada e porque é que os sistemas de comunicação foram desactivados. As motivações das pessoas a bordo e as circunstâncias que rodearam o desaparecimento continuam a ser um mistério.

O voo MH370 não foi apenas um desafio para os investigadores, foi também uma tragédia devastadora para as famílias dos passageiros e da tripulação.

A incerteza e a falta de respostas claras aumentaram a sua dor e tristeza. Em 2018, o governo da Malásia terminou oficialmente a busca subaquática dos destroços do avião. No entanto, o mistério do voo MH370 continua a assombrar a aviação mundial e a provocar debates e teorias. As famílias das vítimas continuam a exigir a verdade e esperam um dia obter respostas sobre o que aconteceu aos seus entes queridos.

O voo MH370 continua a ser um dos maiores mistérios por resolver na história da aviação, uma recordação pungente do enigma que pode rodear até os acontecimentos mais modernos e bem documentados.

25

THE ENIGMA OF MAN BY TAURED

The Stranger From Elsewhere

The story of Taured Man is one of the world's most mysterious and intriguing enigmas. Although little known to the general public, it continues to arouse the disbelief and fascination of fans of unsolved mysteries. The story tells of the sudden appearance and equally mysterious disappearance of a man who claimed to come from a non-existent country.

The story begins one day in July 1954 at Haneda International Airport in Tokyo, Japan. An elegantly dressed man of European appearance presented himself at the immigration counter to have his passport stamped.

However, it soon became clear that this man was very different from the other travellers.

The man presented his passport, issued by the country of Taured. According to him, Taured was a country located between France and Spain, and had existed for centuries. He also showed other travel documents, including driving licences and credit cards, all issued by the Taured government.

The immigration officers were puzzled, as they had never heard of Taured or his whereabouts. They examined his documents carefully, but everything seemed to be in order. The man, who spoke fluent French and English, seemed quite sure of himself and the existence of his country.

The officers decided to place him in a guarded hotel room until the situation could be clarified. They took his passport and other documents and took steps to investigate the matter. The investigators tried to trace the origin of the travel documents and verify Taured's existence, but nothing matched.

During his stay at the hotel, the man was under constant surveillance by Japanese security guards. However, the mystery of Taured's man did not end there. The next morning, when they returned to his room, the man had disappeared completely.

The room was on the eighth floor of the hotel, and there was no exit through which he could have escaped. The windows were locked from the inside and there was no sign of forced entry. The man had also left all his personal belongings in the room, including his money and clothes.

The investigation quickly expanded to try and find the missing man, but he seemed to have vanished without a trace. No one had seen him leave the hotel, and there was no evidence that he had left the country. The mystery of Taured's man had become even more enigmatic.

As the investigation progressed, new questions arose. How had the man arrived at Tokyo airport without leaving any trace of his journey from Taured? How could he have disappeared from his hotel room, which was locked from the inside? Several theories have been put forward to explain this mystery. Some suggested that the man was a time traveller from a parallel reality or a different time. Others have speculated about Taured's real existence, but no country matching his description has ever been discovered.

Another hypothesis is that the man suffered from a rare form of delusion or personality disorder, which led him to invent an alternative reality. However, this would not answer the question of his inexplicable disappearance from the hotel room.

The mystery of the Taured Man remains unsolved to this day. Despite investigations and research, no definitive proof has been found to explain who this man was, where he really came from, or how he could have disappeared in such a mysterious way. The story continues to haunt fans of unsolved mysteries and to spark debate about the existence of parallel worlds and unexplored realities.

O ENIGMA DO HOMEM POR TAURED

O estranho de outro lugar

A história do Homem de Taured é um dos enigmas mais misteriosos e intrigantes do mundo. Apesar de pouco conhecida do grande público, continua a despertar a incredulidade e o fascínio dos fãs de mistérios por resolver. A história conta o aparecimento repentino e o desaparecimento igualmente misterioso de um homem que afirmava vir de um país inexistente.

A história começa num dia de julho de 1954, no Aeroporto Internacional de Haneda, em Tóquio, no Japão. Um homem de aparência europeia, elegantemente vestido, apresentou-se no balcão da imigração para carimbar o seu passaporte. No entanto, rapidamente se tornou claro que este homem era muito diferente dos outros viajantes.

O homem apresentou o seu passaporte, emitido pelo país de Taured. Segundo ele, Taured é um país situado entre França e Espanha, que existe há séculos. Mostrou também outros documentos de viagem, incluindo cartas de condução e cartões de crédito, todos emitidos pelo governo de Taured.

Os funcionários da imigração ficaram perplexos, pois nunca tinham ouvido falar de Taured ou do seu paradeiro. Examinam cuidadosamente os seus documentos, mas tudo parece estar em ordem. O homem, que fala fluentemente francês e inglês, parecia muito seguro de si e da existência do seu país.

Os agentes decidiram colocá-lo num quarto de hotel vigiado até que a situação pudesse ser esclarecida. Pegaram no seu passaporte e noutros documentos e tomaram medidas para investigar o assunto. Os investigadores tentaram descobrir a origem dos documentos de viagem e verificar a existência de Taured, mas nada foi conseguido.

Durante a sua estadia no hotel, o homem esteve sob vigilância constante dos seguranças japoneses. No entanto, o mistério do homem de Taured não termina aí. Na manhã seguinte, quando regressaram ao seu quarto, o homem tinha desaparecido completamente.

O quarto ficava no oitavo andar do hotel e não havia nenhuma saída pela qual ele pudesse ter escapado. As janelas estavam trancadas por dentro e não havia sinais de entrada forçada. O homem tinha também deixado todos os seus objectos pessoais no quarto, incluindo o dinheiro e as roupas.

A investigação alargou-se rapidamente para tentar encontrar o homem desaparecido, mas este parecia ter desaparecido sem deixar rasto. Ninguém o tinha visto sair do hotel e não havia provas de que tivesse deixado o país. O mistério do homem de Taured tornara-se ainda mais enigmático.

À medida que a investigação avançava, foram surgindo novas questões. Como é que o homem tinha chegado ao aeroporto de Tóquio sem deixar qualquer vestígio da sua viagem desde Taured? Como é que ele pode ter desaparecido do seu quarto de hotel, que estava trancado por dentro? Foram avançadas várias teorias para explicar este mistério. Alguns sugeriram que o homem era um viajante do tempo de uma realidade paralela ou de uma época diferente. Outros especularam sobre a existência real de Taured, mas nunca foi descoberto nenhum país que correspondesse à sua descrição.

Outra hipótese é a de que o homem sofria de uma forma rara de delírio ou de um distúrbio de personalidade, que o levou a inventar uma realidade alternativa. No entanto, isso não responderia à questão do seu desaparecimento inexplicável do quarto de hotel.

O mistério do Homem de Taured continua por resolver até aos dias de hoje. Apesar das investigações e pesquisas, não foi encontrada nenhuma prova definitiva que explique quem foi este homem, de onde veio realmente, ou como pôde desaparecer de uma forma tão misteriosa. A história continua a assombrar os fãs de mistérios por resolver e a suscitar debates sobre a existência de mundos paralelos e realidades inexploradas.

26

THE ENIGMA OF SATOSHI NAKAMOTO

The Mystery of Bitcoin's Creator

The story of Satoshi Nakamoto is one of the most fascinating and famous puzzles in the world of technology and cryptocurrencies. In 2008, an anonymous individual or group under the pseudonym Satoshi Nakamoto published a document entitled "Bitcoin: A Peer-to-Peer Electronic Cash System", laying the foundations for the world's first cryptocurrency, Bitcoin. Since then, the true identity of Satoshi Nakamoto has remained an unsolved mystery that continues to generate interest and speculation.

It all began on 31 October 2008, when Satoshi Nakamoto published a nine-page white paper on a cryptographic mailing list. The white paper described the concept of Bitcoin, a decentralised electronic currency based on a technology called the blockchain. The blockchain is an immutable public register that records all Bitcoin transactions, guaranteeing the security and transparency of the system.

On 3 January 2009, Satoshi Nakamoto released the first Bitcoin software and created the first block of the blockchain, known as the "genesis block". This block contained a reference to an article in The Times newspaper dated 3 January 2009, entitled "Chancellor on Brink of Second Bailout for Banks".

This was interpreted as a way of proving that the block had been created after that date, thereby reinforcing the credibility of the blockchain.

During the early years of Bitcoin, Satoshi Nakamoto collaborated with other developers and actively participated in discussions on online forums dedicated to the cryptocurrency. However, in 2010, Nakamoto gradually stopped participating in discussions and finally announced his departure in April 2011, saying he was passing the baton to other developers.

The sudden disappearance of Satoshi Nakamoto has left the Bitcoin community in doubt and opened the door to much speculation about his identity. Several people have been accused of being Satoshi Nakamoto over the years, but all the evidence has proved unfounded or insufficient to prove their identity.

Those suspected of being Satoshi Nakamoto include :

- Dorian Nakamoto: In 2014, a Newsweek journalist claimed to have discovered the creator of Bitcoin in the person of Dorian Nakamoto, a retired Californian electronics engineer. However, Dorian Nakamoto has denied any involvement in the creation of Bitcoin.

- Craig Wright: In 2016, Craig Wright, an Australian entrepreneur, publicly claimed to be Satoshi Nakamoto. Although he has provided technical evidence, many in the Bitcoin community still doubt his true identity as Nakamoto.

- Hal Finney: Hal Finney, a cryptographer and developer of cryptocurrency software, was one of the first people to collaborate with Satoshi Nakamoto on Bitcoin.

  However, he died in 2014, taking his secrets with him.

- Nick Szabo: Nick Szabo, an American computer scientist and cryptographer, is often cited as a potential candidate to be Satoshi Nakamoto due to his early contribution to the concepts that influenced Bitcoin. However, he firmly denies being Nakamoto.

Despite speculation and journalistic investigations, the true identity of Satoshi Nakamoto remains an unsolved mystery. Some believe that Nakamoto chose to remain anonymous to preserve his privacy and avoid attracting the attention of financial regulators or other entities. Others believe that he may be deceased or that he deliberately chose to disappear to protect Bitcoin from outside interference.

The mystery of Satoshi Nakamoto has fuelled heated debate about the nature of cryptocurrency, decentralisation and the power of anonymous creators. Some regard Nakamoto as a mythical figure, while others see him as a visionary genius who revolutionised the world of finance.

Satoshi Nakamoto's legacy is undeniable. Bitcoin has become a major financial force, attracting investors, institutions and businesses from around the world. The underlying blockchain technology has also been adopted for many other applications, from supply chain management to decentralised governance.

In the end, the mystery of Satoshi Nakamoto endures, and is perhaps destined to remain one of the most enduring enigmas of the digital age. The story of Bitcoin and its anonymous creator continues to capture the imagination and spark debate about the nature of power, transparency and anonymity in the ever-changing digital world.

O ENIGMA DE SATOSHI
NAKAMOTO

O mistério do criador do Bitcoin

A história de Satoshi Nakamoto é um dos puzzles mais fascinantes e famosos do mundo da tecnologia e das criptomoedas. Em 2008, um indivíduo ou grupo anónimo, sob o pseudónimo Satoshi Nakamoto, publicou um documento intitulado "Bitcoin: A Peer-to-Peer Electronic Cash System", lançando as bases da primeira criptomoeda do mundo, a Bitcoin. Desde então, a verdadeira identidade de Satoshi Nakamoto tem permanecido um mistério por resolver que continua a gerar interesse e especulação.

Tudo começou em 31 de outubro de 2008, quando Satoshi Nakamoto publicou um livro branco de nove páginas numa lista de discussão criptográfica. O livro branco descrevia o conceito de Bitcoin, uma moeda eletrónica descentralizada baseada numa tecnologia chamada "blockchain". A blockchain é um registo público imutável que regista todas as transacções de Bitcoin, garantindo a segurança e a transparência do sistema.

Em 3 de janeiro de 2009, Satoshi Nakamoto lançou o primeiro software Bitcoin e criou o primeiro bloco da cadeia de blocos, conhecido como o "bloco genesis". Este bloco continha uma referência a um artigo do jornal The Times de 3 de janeiro de 2009, intitulado "Chancellor on Brink of Second Bailout for Banks".

Este facto foi interpretado como uma forma de provar que o bloco tinha sido criado após essa data, reforçando assim a credibilidade da cadeia de blocos.

Durante os primeiros anos da Bitcoin, Satoshi Nakamoto colaborou com outros programadores e participou ativamente em discussões em fóruns online dedicados à moeda criptográfica. No entanto, em 2010, Nakamoto deixou gradualmente de participar nas discussões e finalmente anunciou a sua saída em abril de 2011, dizendo que estava a passar o testemunho a outros programadores.

O súbito desaparecimento de Satoshi Nakamoto deixou a comunidade Bitcoin em dúvida e abriu a porta a muita especulação sobre a sua identidade. Ao longo dos anos, várias pessoas foram acusadas de serem Satoshi Nakamoto, mas todas as evidências se revelaram infundadas ou insuficientes para provar a sua identidade.

Os suspeitos de serem Satoshi Nakamoto incluem :

- Dorian Nakamoto: Em 2014, um jornalista da Newsweek afirmou ter descoberto o criador da Bitcoin na pessoa de Dorian Nakamoto, um engenheiro eletrónico californiano reformado. No entanto, Dorian Nakamoto negou qualquer envolvimento na criação da Bitcoin.

- Craig Wright: Em 2016, Craig Wright, um empresário australiano, afirmou publicamente ser Satoshi Nakamoto. Embora tenha fornecido provas técnicas, muitos na comunidade Bitcoin ainda duvidam da sua verdadeira identidade como Nakamoto.

- Hal Finney: Hal Finney, criptógrafo e criador de software de criptomoeda, foi uma das primeiras pessoas a colaborar com Satoshi Nakamoto na Bitcoin.

No entanto, morreu em 2014, levando consigo os seus segredos.

- Nick Szabo: Nick Szabo, um cientista informático e criptógrafo americano, é frequentemente citado como um potencial candidato a ser Satoshi Nakamoto devido à sua contribuição inicial para os conceitos que influenciaram a Bitcoin. No entanto, ele nega firmemente ser Nakamoto.

Apesar da especulação e das investigações jornalísticas, a verdadeira identidade de Satoshi Nakamoto continua a ser um mistério por resolver. Alguns acreditam que Nakamoto optou por permanecer anónimo para preservar a sua privacidade e evitar atrair a atenção dos reguladores financeiros ou de outras entidades. Outros acreditam que ele pode estar morto ou que escolheu deliberadamente desaparecer para proteger o Bitcoin de interferências externas.

O mistério de Satoshi Nakamoto alimentou um aceso debate sobre a natureza da criptomoeda, a descentralização e o poder dos criadores anónimos. Alguns consideram Nakamoto uma figura mítica, enquanto outros o vêem como um génio visionário que revolucionou o mundo das finanças.

O legado de Satoshi Nakamoto é inegável. A Bitcoin tornou-se uma importante força financeira, atraindo investidores, instituições e empresas de todo o mundo. A tecnologia de cadeia de blocos subjacente também foi adoptada para muitas outras aplicações, desde a gestão da cadeia de abastecimento à governação descentralizada.

No final, o mistério de Satoshi Nakamoto perdura, e talvez esteja destinado a permanecer um dos enigmas mais duradouros da era digital. A história da Bitcoin e do seu criador anónimo continua a captar a imaginação e a suscitar o debate sobre a natureza do poder, da transparência e do anonimato no mundo digital em constante mudança.

27

THE MYSTERY OF ELISA LAM

The Disturbing Disappearance at the Cecil Hotel

The mysterious story of Elisa Lam is one of the most famous and disturbing unsolved cases of recent years. In 2013, the 21-year-old disappeared from the Cecil Hotel in Los Angeles, giving rise to theories, speculation and investigations that have captivated the world.

Elisa Lam was a Canadian student visiting Los Angeles. She had embarked on a solo trip on 26 January 2013, and had chosen to stay at the historic Cecil Hotel in the Skid Row area of Los Angeles. The Cecil Hotel had acquired a sinister reputation over the years due to its long history of criminal activity, suicides and other tragic events.

Elisa Lam was reported missing on 31 January 2013 when her parents, concerned that they had not heard from her for several days, contacted the Los Angeles Police Department. The police immediately launched an investigation to find the young woman.

The first piece of the mysterious puzzle was the hotel lift CCTV. The security camera footage, which was widely circulated on the internet, showed Elisa Lam acting in a strange manner. In the video, she could be seen entering and leaving the lift, pressing several buttons, ducking into a corner of the lift, and even making strange and incoherent gestures, as if she were talking to someone invisible.

However, the lift did not seem to be working properly, which could explain Elisa's strange behaviour. The investigators examined the recordings and noted that the lift doors remained strangely open for long periods without any apparent intervention.

As the days passed, concern for Elisa grew, and the Los Angeles police undertook a more extensive search in and around the Cecil Hotel. On 19 February 2013, after nearly three weeks of searching, the worst-case scenario became a reality: Elisa Lam's body was found in a water tank on the roof of the hotel. The discovery raised many questions. How had Elisa gained access to the roof, which was normally locked and secure? How could she have ended up in the water tank, whose lid was heavy and difficult to open? And above all, why was she there?

The autopsy revealed that Elisa Lam's official cause of death was accidental drowning. No serious injuries or traces of drugs or alcohol were found in her body. However, the disturbing way in which her body was found continued to raise questions and doubts.

The mystery deepened when the autopsy results showed that Elisa had taken several prescription drugs, including an antidepressant, but these did not appear to be present in her system at toxic levels.

Elisa's strange behaviour in the lift and the discovery of her body in the water tank fuelled conspiracy theories and speculation about what might have happened. Some have suggested that she could have been followed or harassed by someone at the hotel. Others have raised the possibility of a psychotic break or mental illness that could have caused her to act irrationally.

Elisa Lam's story has also attracted the attention of paranormal enthusiasts, who have suggested that the Hotel Cecil may be haunted or that supernatural forces were involved in her disappearance. However, these theories have not been backed up by hard evidence.

Despite extensive investigations by the Los Angeles Police Department and painstaking research by the media and mystery buffs, the mystery of Elisa Lam's disappearance and death remains largely unsolved. The lift video and the troubling circumstances surrounding her death continue to haunt the public imagination.

The Cecil Hotel itself has continued to spark dark and mysterious stories. It closed in 2017 for renovations, but its tumultuous history remains an indelible part of Los Angeles history. The Elisa Lam case remains one of the most mysterious and intriguing cases of the 21st century, a reminder that sometimes, even in the modern, connected world, riddles remain unsolved and mysteries remain impenetrable.

O MISTÉRIO DE ELISA LAM

O inquietante desaparecimento no Hotel Cecil

A misteriosa história de Elisa Lam é um dos mais famosos e perturbadores casos por resolver dos últimos anos. Em 2013, a jovem de 21 anos desapareceu do Cecil Hotel, em Los Angeles, dando origem a teorias, especulações e investigações que cativaram o mundo.

Elisa Lam era uma estudante canadiana de visita a Los Angeles. Tinha embarcado numa viagem a solo em 26 de janeiro de 2013 e tinha escolhido ficar no histórico Cecil Hotel, na zona de Skid Row, em Los Angeles. O Cecil Hotel tinha adquirido uma reputação sinistra ao longo dos anos devido à sua longa história de atividade criminosa, suicídios e outros acontecimentos trágicos.

Elisa Lam foi dada como desaparecida em 31 de janeiro de 2013, quando os seus pais, preocupados por não terem notícias dela há vários dias, contactaram o Departamento de Polícia de Los Angeles. A polícia iniciou imediatamente uma investigação para encontrar a jovem.

A primeira peça do misterioso puzzle foi o circuito interno de televisão do elevador do hotel. As imagens da câmara de segurança, que foram amplamente divulgadas na Internet, mostravam Elisa Lam a agir de forma estranha. No vídeo, podia ser vista a entrar e a sair do elevador, a carregar em vários botões, a esconder-se num canto do elevador e até a fazer gestos estranhos e incoerentes, como se estivesse a falar com alguém invisível.

No entanto, o elevador não parecia estar a funcionar corretamente, o que poderia explicar o comportamento estranho de Elisa. Os investigadores examinaram as gravações e verificaram que as portas do elevador permaneciam estranhamente abertas durante longos períodos sem qualquer intervenção aparente.

À medida que os dias passavam, a preocupação com Elisa aumentava e a polícia de Los Angeles empreendeu uma busca mais alargada no Hotel Cecil e nas suas imediações. Em 19 de fevereiro de 2013, após quase três semanas de buscas, o pior cenário tornou-se realidade: O corpo de Elisa Lam foi encontrado num tanque de água no telhado do hotel. A descoberta levantou muitas questões. Como é que Elisa tinha conseguido aceder ao telhado, que normalmente estava trancado e seguro? Como é que ela foi parar ao tanque de água, cuja tampa era pesada e difícil de abrir? E, acima de tudo, porque é que ela estava lá?

A autópsia revelou que a causa oficial da morte de Elisa Lam foi afogamento acidental. Não foram encontrados ferimentos graves nem vestígios de drogas ou álcool no seu corpo. No entanto, a forma perturbadora como o seu corpo foi encontrado continuou a levantar questões e dúvidas.

O mistério aprofundou-se quando os resultados da autópsia revelaram que Elisa tinha tomado vários medicamentos, incluindo um antidepressivo, mas que estes não pareciam estar presentes no seu sistema em níveis tóxicos.

O comportamento estranho de Elisa no elevador e a descoberta do seu corpo no tanque de água alimentaram teorias da conspiração e especulações sobre o que poderia ter acontecido. Alguns sugeriram que ela poderia ter sido seguida ou assediada por alguém do hotel. Outros levantaram a hipótese de um surto psicótico ou de uma doença mental que a poderia ter levado a agir de forma irracional.

A história de Elisa Lam também atraiu a atenção de entusiastas do paranormal, que sugeriram que o Hotel Cecil pode estar assombrado ou que forças sobrenaturais estiveram envolvidas no seu desaparecimento. No entanto, estas teorias não foram apoiadas por provas concretas.

Apesar das extensas investigações do Departamento de Polícia de Los Angeles e da pesquisa meticulosa dos meios de comunicação social e dos aficionados por mistérios, o mistério do desaparecimento e da morte de Elisa Lam continua, em grande parte, por resolver. O vídeo do elevador e as circunstâncias perturbadoras que rodearam a sua morte continuam a assombrar a imaginação do público.

O próprio Cecil Hotel continuou a suscitar histórias obscuras e misteriosas. Fechou em 2017 para obras de renovação, mas a sua história tumultuosa continua a ser uma parte indelével da história de Los Angeles. O caso Elisa Lam continua a ser um dos casos mais misteriosos e intrigantes do século XXI, um lembrete de que, por vezes, mesmo no mundo moderno e interligado, os enigmas permanecem por resolver e os mistérios permanecem impenetráveis.

28

THE HIJACKING OF AIR FRANCE FLIGHT 139

Operation Entebbe

The story of the hijacking of Air France Flight 139 is one of the most famous and daring episodes in the history of civil aviation and the fight against terrorism. The incident, which took place in 1976, highlighted the determination and courage of the Israeli special forces during the rescue operation in Entebbe, Uganda.

On 27 June 1976, Air France flight 139, an Airbus A300, left Tel Aviv airport, Israel, bound for Paris, with a stopover in Athens, Greece. On board were 248 passengers and crew, many of them Israeli citizens. However, flight 139 never reached its destination.

In Athens, a group of Palestinian and German terrorists, members of an organisation called the Popular Front for the Liberation of Palestine (PFLP) and the German Red Army Faction (RAF), took control of the plane. Armed with grenades and pistols, they forced the pilots to change course and head for Africa.

The plane finally landed at Entebbe international airport in Uganda, where the passengers and crew were held hostage. There, they were herded into a disused and isolated terminal, under the guard of terrorists and Ugandan President Idi Amin Dada, who supported the kidnappers.

While the hostages were being held in Entebbe, the kidnappers set out their demands: the release of 53 Palestinian and pro-Palestinian prisoners, held in Israeli jails and in other countries, in exchange for the hostages' lives. The kidnappers threatened to kill the hostages if their demands were not met.

Faced with this critical situation, the Israeli government prepared for a daring rescue mission. The Israeli Prime Minister, Yitzhak Rabin, and his Defence Minister, Shimon Peres, decided to launch the Entebbe rescue operation, also known as Operation Thunderbolt.

On 3 July 1976, after several days of meticulous planning, four Israeli Air Force C-130 Hercules transport aircraft carrying Israeli special forces took off from Sharm el-Sheikh air base in Egypt for Entebbe.

The operation was carried out by the elite Israeli units Sayeret Matkal and Sayeret Golani. They were joined by members of the Israeli Air Force Search and Rescue Unit, all under the command of Lieutenant-Colonel Yonatan Netanyahu, the brother of future Israeli Prime Minister Benjamin Netanyahu.

When the Israeli planes reached Entebbe, the special forces launched a surprise lightning attack. They quickly neutralised the Ugandan guards and freed the hostages.

Unfortunately, three passengers and the brother of the Israeli Prime Minister, Yonatan Netanyahu, were killed in action.

The operation was a resounding success. The hostages were rescued and the Palestinian and German kidnappers were either killed or captured. Israeli forces quickly evacuated the hostages to Israel on board C-130 transport aircraft, with the entire operation taking less than 90 minutes.

Operation Entebbe has been applauded around the world as an example of bravery and determination. It reinforced Israel's reputation as a nation determined to protect its citizens, whatever the cost. The hostages, mostly

Israelis, were released unharmed, and the operation was hailed as an exemplary success in the fight against terrorism.

Despite the success of Operation Entebbe, the hijacking of Air France flight 139 remains a tragic event that has left a lasting impression on those involved. The families of the victims and the survivors were deeply affected by this traumatic experience, and the emotional scars remain.

The story of Entebbe has also become a symbol of resistance against international terrorism. It continues to command deep respect for the Israeli special forces and for all those involved in the planning and execution of this daring mission. Operation Entebbe remains one of the most memorable examples of courage and determination in the history of the fight against aerial terrorism.

O SEQUESTRO DO VOO 139 DA AIR FRANCE

Operação Entebbe

A história do desvio do voo 139 da Air France é um dos episódios mais famosos e audaciosos da história da aviação civil e da luta contra o terrorismo. O incidente, que teve lugar em 1976, pôs em evidência a determinação e a coragem das forças especiais israelitas durante a operação de salvamento em Entebbe, no Uganda.

Em 27 de junho de 1976, o voo 139 da Air France, um Airbus A300, partiu do aeroporto de Telavive, em Israel, com destino a Paris, com escala em Atenas, na Grécia. A bordo estavam 248 passageiros e tripulantes, muitos dos quais cidadãos israelitas. No entanto, o voo 139 nunca chegou ao seu destino.

Em Atenas, um grupo de terroristas palestinianos e alemães, membros de uma organização denominada Frente Popular para a Libertação da Palestina (FPLP) e da

Fação Alemã do Exército Vermelho (RAF), tomou o controlo do avião. Armados com granadas e pistolas, obrigaram os pilotos a mudar de rota e a dirigir-se para África.

O avião acabou por aterrar no aeroporto internacional de Entebbe, no Uganda, onde os passageiros e a tripulação foram feitos reféns. Aí, foram levados para um terminal desativado e isolado, sob a guarda de terroristas e do Presidente do Uganda, Idi Amin Dada, que apoiava os raptores.

Enquanto os reféns estavam detidos em Entebbe, os raptores apresentaram as suas exigências: a libertação de 53 prisioneiros palestinianos e pró-palestinianos, detidos em prisões israelitas e noutros países, em troca da vida dos reféns. Os raptores ameaçaram matar os reféns se as suas exigências não fossem satisfeitas.

Perante esta situação crítica, o governo israelita preparou-se para uma ousada missão de salvamento. O Primeiro-Ministro israelita, Yitzhak Rabin, e o seu Ministro da Defesa, Shimon Peres, decidiram lançar a operação de salvamento de Entebbe, também conhecida como Operação Thunderbolt.

Em 3 de julho de 1976, após vários dias de planeamento meticuloso, quatro aviões de transporte C-130 Hercules da Força Aérea israelita, transportando forças especiais israelitas, descolaram da base aérea de Sharm el-Sheikh, no Egipto, com destino a Entebbe.

A operação foi levada a cabo pelas unidades de elite israelitas Sayeret Matkal e Sayeret Golani. A elas juntaram-se membros da Unidade de Busca e Salvamento da Força Aérea Israelita, todos sob o comando do Tenente-Coronel Yonatan Netanyahu, irmão do futuro Primeiro-Ministro israelita Benjamin Netanyahu.

Quando os aviões israelitas chegaram a Entebbe, as forças especiais lançaram um ataque relâmpago de surpresa. Rapidamente neutralizaram os guardas ugandeses e libertaram os reféns.

Infelizmente, três passageiros e o irmão do primeiro-ministro israelita, Yonatan Netanyahu, foram mortos em combate.

A operação foi um êxito retumbante. Os reféns foram resgatados e os raptores palestiniano e alemão foram mortos ou capturados. As forças israelitas evacuaram rapidamente os reféns para Israel a bordo de aviões de transporte C-130, tendo toda a operação demorado menos de 90 minutos.

A operação Entebbe foi aplaudida em todo o mundo como um exemplo de coragem e determinação. Reforçou a reputação de Israel como uma nação determinada a proteger os seus cidadãos, custe o que custar. Os reféns, na sua maioria israelitas, foram libertados sem ferimentos e a operação foi saudada como um êxito exemplar na luta contra o terrorismo.

Apesar do êxito da operação Entebbe, o desvio do voo 139 da Air France continua a ser um acontecimento trágico que deixou uma marca duradoura nas pessoas envolvidas. As famílias das vítimas e dos sobreviventes foram profundamente afectadas por esta experiência traumática, e as cicatrizes emocionais permanecem.

A história de Entebbe tornou-se também um símbolo da resistência contra o terrorismo internacional. Continua a suscitar um profundo respeito pelas forças especiais israelitas e por todos os que estiveram envolvidos no planeamento e na execução desta ousada missão. A operação Entebbe continua a ser um dos exemplos mais memoráveis de coragem e determinação na história da luta contra o terrorismo aéreo.

29

THE STRANGE CASE OF THE RAIN OF FISH IN LAJAMANU

The strange village

Lajamanu, a small isolated Aboriginal village in Australia's Northern Territory, became the scene of a strange and inexplicable phenomenon in 2004. The phenomenon, known as 'fish rain', has perplexed Lajamanu residents and scientists alike, and remains one of the most intriguing natural enigmas of our time.

Lajamanu is located in an arid region of Australia, where rainfall is rare. The village is surrounded by desert and arid land, and is far from any major urban centre. It is a place where people are used to living in harmony with nature, using traditional hunting and gathering practices to support themselves.

On 25 February 2004, something unusual happened. While the sky was clear and bright, a sudden and heavy downpour began to fall on Lajamanu. The locals were surprised, as such rainfall was rare in the region, and even more surprising given the dry season.

However, what made this rain even more extraordinary was what fell from the sky with it: live fish. Small silvery fish, belonging to a freshwater species called the saratoga, fell from the sky at the same time as the rain. The fish were alive and in perfect condition, and they landed in the streets of the village, in the courtyards of the houses and even in the buckets of water that the inhabitants had left outside.

The inhabitants of Lajamanu were stunned and perplexed by this inexplicable shower of fish. They gathered as many fish as they could, and some cooked them into a meal. Village officials quickly took samples of the fish and contacted the local authorities to investigate the strange phenomenon.

Scientists went to the site to try and understand how such a thing could happen. They examined meteorological data, winds at altitude and other environmental factors, but no convincing explanation was found.

One of the theories put forward was that the fish had been swept up by waterspouts, also known as 'aquatic tornadoes', which lifted the fish from a nearby stream or lake, then released them into the sky, where they were carried away by the winds and finally fell on Lajamanu.

However, this theory did not fully explain the phenomenon, as water tornadoes are rare and do not generally occur in regions as arid as Lajamanu.

Other researchers suggested that the fish could have been carried off by birds of prey, such as fish eagles, which had attempted to carry the fish into the air but accidentally dropped them. However, this theory raised questions about how the fish had remained alive during the flight. Despite much investigation and research, no definitive explanation has yet been found for the Lajamanu fish shower. The phenomenon remains a fascinating and unique natural mystery that continues to inspire wonder and intrigue.

The people of Lajamanu took this strange experience philosophically and continued to live their lives in harmony with nature, as they always had. For them, the rain of fish was just another mysterious manifestation of the power of nature, and it has become an integral part of the community's rich oral and cultural tradition.

The story of the Lajamanu fish shower is a reminder that nature is full of mysteries and inexplicable phenomena, and that it is capable of surprising us in unexpected and magical ways. This unique story remains one of the strangest and most intriguing natural enigmas of our time.

O ESTRANHO CASO DA CHUVA DE PEIXES EM LAJAMANU

A estranha aldeia

Lajamanu, uma pequena aldeia aborígene isolada no Território do Norte da Austrália, foi palco de um fenómeno estranho e inexplicável em 2004. O fenómeno, conhecido como "chuva de peixes", deixou perplexos tanto os residentes de Lajamanu como os cientistas e continua a ser um dos enigmas naturais mais intrigantes do nosso tempo.

Lajamanu está situada numa região árida da Austrália, onde a precipitação é rara. A aldeia está rodeada de deserto e terra árida, e está longe de qualquer grande centro urbano. É um local onde as pessoas estão habituadas a viver em harmonia com a natureza, utilizando práticas tradicionais de caça e recolha para se sustentarem.

No dia 25 de fevereiro de 2004, aconteceu algo de invulgar. Enquanto o céu estava limpo e brilhante, um aguaceiro repentino e forte começou a cair sobre Lajamanu. Os habitantes locais ficaram surpreendidos, pois este tipo de chuva era raro na região, e ainda mais surpreendente devido à estação seca.

No entanto, o que tornou esta chuva ainda mais extraordinária foi o que caiu do céu com ela: peixes vivos. Pequenos peixes prateados, pertencentes a uma espécie de água doce chamada saratoga, caíram do céu ao mesmo tempo que a chuva. Os peixes estavam vivos e em perfeitas condições, e pousaram nas ruas da aldeia, nos pátios das casas e até nos baldes de água que os habitantes tinham deixado lá fora.

Os habitantes de Lajamanu ficaram atónitos e perplexos com esta inexplicável chuva de peixes. Recolheram o máximo de peixes que puderam e alguns cozinharam-nos para uma refeição. Os funcionários da aldeia recolheram rapidamente amostras dos peixes e contactaram as autoridades locais para investigar o estranho fenómeno.

Os cientistas deslocaram-se ao local para tentar perceber como é que tal coisa podia acontecer. Examinaram dados meteorológicos, ventos em altitude e outros factores ambientais, mas não encontraram uma explicação convincente.

Uma das teorias avançadas era a de que os peixes tinham sido arrastados por trombas de água, também conhecidas como "tornados aquáticos", que levantavam os peixes de um riacho ou lago próximo, libertando-os depois no céu, onde eram levados pelos ventos e acabavam por cair em Lajamanu.

No entanto, esta teoria não explica totalmente o fenómeno, uma vez que os tornados de água são raros e não ocorrem geralmente em regiões tão áridas como Lajamanu.

Outros investigadores sugeriram que os peixes poderiam ter sido levados por aves de rapina, como as águias-pescadoras, que tentaram transportar os peixes no ar, mas que os deixaram cair acidentalmente. No entanto, esta teoria levantava questões sobre a forma como os peixes se tinham mantido vivos durante o voo. Apesar de muita investigação e pesquisa, ainda não foi encontrada uma explicação definitiva para a chuva de peixes de Lajamanu. O fenómeno continua a ser um mistério natural fascinante e único que continua a inspirar admiração e intriga.

As pessoas de Lajamanu encararam esta estranha experiência de forma filosófica e continuaram a viver as suas vidas em harmonia com a natureza, como sempre tinham feito. Para eles, a chuva de peixes era apenas mais uma manifestação misteriosa do poder da natureza, e tornou-se parte integrante da rica tradição oral e cultural da comunidade.

A história da chuva de peixes de Lajamanu é um lembrete de que a natureza está cheia de mistérios e fenómenos inexplicáveis, e que é capaz de nos surpreender de formas inesperadas e mágicas. Esta história única continua a ser um dos enigmas naturais mais estranhos e intrigantes do nosso tempo.

30

THE CASE OF THE MAN WHO LOST HIS MEMORY

The enigma of Patient H.M.

The story of Patient H.M. is one of the most famous and bizarre enigmas in the history of neurology and psychology. It takes us into the mysterious world of human memory and the profound effects that brain damage can have on our ability to remember and understand our own existence.

The story of Patient H.M. begins in 1953, when a 27-year-old man named Henry Molaison underwent radical surgery in the hope of treating his severe epileptic seizures. The doctors decided to remove part of his brain, including the hippocampus, a structure crucial to the formation of new memories.

The operation succeeded in reducing Henry's epileptic seizures, but it had a profound and unexpected effect on his memory. After the operation, Henry was unable to form new long-term memories. He could still remember his past up until the operation, but he was condemned to live in a perpetual present, unable to retain new information for more than a few minutes.

This strange phenomenon, known as anterograde amnesia, turned Henry's life into a series of fleeting, disjointed moments. He couldn't remember the faces of the people he met, the places he'd been, or even what he'd had for his last meal. Every interaction with him was like meeting someone for the first time. Researchers and doctors soon realised that Henry's case offered a unique opportunity to study human memory. Henry became one of the most studied patients in the history of neuroscience. Researchers discovered that despite his inability to form new explicit memories, he could still learn certain tasks and enable his subconscious mind implicitly.

For example, Henry could progress through a puzzle without remembering that he had already worked on it, indicating that his brain could still learn implicitly, even if he could not do so explicitly. This discovery opened up new perspectives on memory and how it is stored and retrieved in the brain.

Patient H.M.'s story also raised ethical questions about medical consent and the treatment of patients with severe brain damage. Henry was never fully informed of the potential effects of the operation on his memory, and he was never able to consent to participate in research on his own brain.

Despite the challenges of his condition, Henry became a beloved figure to the researchers who worked with him. They were impressed by his kindness and cooperation, even in the face of the challenges of his failing memory. Henry lived in a specialist care centre until his death in 2008, and his brain was preserved for future research.

Patient H.M.'s story has had a profound impact on our understanding of human memory and how our brains work. It has also raised important ethical questions about medical consent and the protection of the rights of vulnerable patients.

Ultimately, the story of Patient H.M. is a reminder of how essential memory is to our understanding of ourselves and our world. It also shows us that even in the strangest and most mysterious moments, science can help us to illuminate the darkest corners of the human mind.

O CASO DO HOMEM QUE PERDEU A MEMÓRIA

O enigma do paciente H.M.

A história do paciente H.M. é um dos enigmas mais famosos e bizarros da história da neurologia e da psicologia. Leva-nos ao misterioso mundo da memória humana e aos efeitos profundos que as lesões cerebrais podem ter na nossa capacidade de recordar e compreender a nossa própria existência.

A história do paciente H.M. começa em 1953, quando um homem de 27 anos chamado Henry Molaison foi submetido a uma cirurgia radical na esperança de tratar os seus graves ataques epilépticos. Os médicos decidiram remover parte do seu cérebro, incluindo o hipocampo, uma estrutura crucial para a formação de novas memórias.

A operação conseguiu reduzir os ataques epilépticos de Henry, mas teve um efeito profundo e inesperado na sua memória. Após a operação, Henry ficou incapaz de formar novas memórias de longo prazo. Ainda se lembrava do seu passado até à operação, mas estava condenado a viver num presente perpétuo, incapaz de reter novas informações por mais de alguns minutos.

Este estranho fenómeno, conhecido como amnésia anterógrada, transformou a vida de Henry numa série de momentos fugazes e desconexos. Não se lembrava dos rostos das pessoas que encontrava, dos sítios onde tinha estado, nem sequer do que tinha comido na última refeição. Cada interação com ele era como se estivesse a conhecer alguém pela primeira vez. Os investigadores e os médicos aperceberam-se rapidamente de que o caso de Henry oferecia uma oportunidade única para estudar a memória humana. Henry tornou-se um dos pacientes mais estudados na história da neurociência. Os investigadores descobriram que, apesar da sua incapacidade de formar novas memórias explícitas, ele conseguia aprender certas tarefas e ativar o seu subconsciente de forma implícita.

Por exemplo, Henry podia avançar num puzzle sem se lembrar que já o tinha feito, o que indicava que o seu cérebro ainda podia aprender implicitamente, mesmo que não o pudesse fazer explicitamente. Esta descoberta abriu novas perspectivas sobre a memória e a forma como esta é armazenada e recuperada no cérebro.

A história do doente H.M. também levantou questões éticas sobre o consentimento médico e o tratamento de doentes com lesões cerebrais graves. Henry nunca foi totalmente informado sobre os potenciais efeitos da operação na sua memória e nunca pôde consentir em participar na investigação sobre o seu próprio cérebro.

Apesar dos desafios da sua doença, Henry tornou-se uma figura querida para os investigadores que trabalharam com ele. Ficaram impressionados com a sua bondade e cooperação, mesmo perante os desafios da sua memória fraca. Henry viveu num centro de cuidados especializados até à sua morte, em 2008, e o seu cérebro foi preservado para investigação futura.

A história da paciente H.M. teve um impacto profundo na nossa compreensão da memória humana e do funcionamento do nosso cérebro. Levantou também importantes questões éticas sobre o consentimento médico e a proteção dos direitos dos doentes vulneráveis.

Em última análise, a história do doente H.M. recorda-nos como a memória é essencial para a nossa compreensão de nós próprios e do nosso mundo. Mostra-nos também que, mesmo nos momentos mais estranhos e misteriosos, a ciência pode ajudar-nos a iluminar os cantos mais obscuros da mente humana.

31

THE CASE OF THE MAN WHO SURVIVED TWO ATOMIC BOMBS

The incredible story of Tsutomu Yamaguchi

Tsutomu Yamaguchi's story is both strange and miraculous. It tells of the extraordinary fate of a man who survived two atomic bomb explosions during the Second World War, a series of incredible events that left the medical and scientific world baffled.

On 6 August 1945, Tsutomu Yamaguchi was working as an engineer in the Japanese city of Hiroshima. That day, at 8.15am, the American army dropped the atomic bomb dubbed "Little Boy" on Hiroshima. The explosion devastated the city, killing tens of thousands of people instantly and injuring tens of thousands more. Yamaguchi was around three kilometres from the epicentre of the explosion.

Miraculously, despite suffering burns and serious injuries, Tsutomu Yamaguchi survived the explosion. He was one of the few survivors close to the epicentre. What he experienced that day was already extraordinary, but Yamaguchi's story does not end there.

The day after the Hiroshima explosion, Yamaguchi ventured into the devastated city to seek medical help. He was still struggling to walk and see because of his injuries, but he was alive. However, he could not have imagined what would happen next.

On 9 August 1945, just three days after the Hiroshima explosion, Tsutomu Yamaguchi was back in his home town of Nagasaki, some 300 kilometres west of Hiroshima. He was back at work, telling his colleagues about the horror he had experienced in Hiroshima.

Then, at 11.02 in the morning, the unthinkable happened. The US army dropped a second atomic bomb, called "Fat Man", on Nagasaki. The explosion again destroyed a city, killing tens of thousands of people instantly and injuring tens of thousands more.

Incredibly, Tsutomu Yamaguchi survived a second atomic explosion. This time, he was about three kilometres from the epicentre of the Nagasaki explosion. Once again, he witnessed the horror of atomic destruction, but miraculously survived.

Tsutomu Yamaguchi survived two atomic bomb explosions in the space of just three days. He became one of the few Hibakusha, the survivors of the atomic bombs, to have lived through both attacks.

After the war, Yamaguchi was confronted with the long-term effects of radiation exposure. He suffered from radiation-related health problems, including skin problems and cataracts. Despite these challenges, he lived a relatively long life and continued to speak out about his experiences, advocating peace and nuclear disarmament. Tsutomu Yamaguchi's story is extraordinary in many ways. It raises questions about luck, resilience and humanity's ability to survive in the face of the unthinkable. It also raises questions about the long-term consequences of exposure to radiation and the devastating effects of nuclear weapons.

Ultimately, Tsutomu Yamaguchi's story reminds us of the horrors of war and nuclear weapons, but it also offers a message of hope, showing that even in the darkest moments of history, human resilience can shine through.

Tsutomu Yamaguchi died in 2010, but his extraordinary story continues to inspire and remind the world of the dangers and consequences of nuclear war.

O CASO DO HOMEM QUE SOBREVIVEU A DUAS BOMBAS ATÓMICAS

A incrível história de Tsutomu Yamaguchi

A história de Tsutomu Yamaguchi tem tanto de estranho como de miraculoso. Conta o destino extraordinário de um homem que sobreviveu a duas explosões de bombas atómicas durante a Segunda Guerra Mundial, uma série de acontecimentos incríveis que deixaram o mundo médico e científico perplexo.

Em 6 de agosto de 1945, Tsutomu Yamaguchi trabalhava como engenheiro na cidade japonesa de Hiroshima. Nesse dia, às 8h15, o exército americano lançou a bomba atómica apelidada de "Little Boy" sobre Hiroshima. A explosão devastou a cidade, matando instantaneamente dezenas de milhares de pessoas e ferindo outras dezenas de milhares. Yamaguchi ficava a cerca de três quilómetros do epicentro da explosão.

Milagrosamente, apesar de sofrer queimaduras e ferimentos graves, Tsutomu Yamaguchi sobreviveu à explosão. Foi um dos poucos sobreviventes perto do epicentro. O que viveu nesse dia já era extraordinário, mas a história de Yamaguchi não acaba aqui.

No dia seguinte à explosão de Hiroshima, Yamaguchi aventurou-se na cidade devastada para procurar ajuda médica. Ainda tinha dificuldades em andar e ver devido aos ferimentos, mas estava vivo. No entanto, não podia imaginar o que aconteceria a seguir.

Em 9 de agosto de 1945, apenas três dias após a explosão de Hiroshima, Tsutomu Yamaguchi estava de volta à sua cidade natal, Nagasaki, cerca de 300 quilómetros a oeste de Hiroshima. Estava de volta ao trabalho, contando aos seus colegas o horror que tinha vivido em Hiroshima.

Depois, às 11:02 da manhã, aconteceu o impensável. O exército americano lançou uma segunda bomba atómica, denominada "Fat Man", sobre Nagasaki. A explosão destruiu novamente uma cidade, matando instantaneamente dezenas de milhares de pessoas e ferindo outras dezenas de milhares.

Por incrível que pareça, Tsutomu Yamaguchi sobreviveu a uma segunda explosão atómica. Desta vez, encontrava-se a cerca de três quilómetros do epicentro da explosão de Nagasaki. Mais uma vez, testemunhou o horror da destruição atómica, mas sobreviveu milagrosamente.

Tsutomu Yamaguchi sobreviveu a duas explosões de bombas atómicas no espaço de apenas três dias. Tornou-se um dos poucos Hibakusha, os sobreviventes das bombas atómicas, a ter sobrevivido aos dois ataques.

Após a guerra, Yamaguchi foi confrontado com os efeitos a longo prazo da exposição à radiação. Sofreu de problemas de saúde relacionados com a radiação, incluindo problemas de pele e cataratas. Apesar destes desafios, viveu uma vida relativamente longa e continuou a falar sobre as suas experiências, defendendo a paz e o desarmamento nuclear. A história de Tsutomu Yamaguchi é extraordinária em muitos aspectos. Levanta questões sobre a sorte, a resiliência e a capacidade de sobrevivência da humanidade face ao impensável. Também levanta questões sobre as consequências a longo prazo da exposição à radiação e os efeitos devastadores das armas nucleares.

Em última análise, a história de Tsutomu Yamaguchi recorda-nos os horrores da guerra e das armas nucleares, mas também oferece uma mensagem de esperança, mostrando que, mesmo nos momentos mais negros da história, a resiliência humana pode brilhar. Tsutomu

Yamaguchi morreu em 2010, mas a sua extraordinária história continua a inspirar e a recordar ao mundo os perigos e as consequências da guerra nuclear.

CONCLUSION

As you close the pages of "Portuguese: 31 True Short Stories," we hope you have experienced a captivating journey through the astonishing world of reality. May your Portuguese have improved. These stories, drawn from the very fabric of our world, remind us that life is far stranger, more complex, and more surprising than anything fiction could invent.

Each of these authentic tales shows us that the extraordinary is within reach, that incredible feats and profound mysteries are an integral part of our shared history. These stories remind us that, although life may sometimes seem mundane and routine, it is constantly imbued with fascinating and unpredictable possibilities.

The protagonists of these stories, whether they are daring adventurers, ingenious tricksters, or witnesses to the inexplicable, reveal the diversity and richness of the human experience. Their courage, creativity, and perseverance inspire us to push our own boundaries and embrace the unknown.

These stories also remind us that mystery and wonder are always within our grasp. Whether it's solving riddles, defying gravity, or overcoming insurmountable challenges, humanity has an incredible ability to surpass itself.

Ultimately, "Portuguese: 31 True Stories" reminds us that, although reality may sometimes seem strange, chaotic, and occasionally unjust, it is also a source of wonder and inspiration. These stories show us that life is a complex journey, a constant adventure where every turn can reveal unexpected surprises.

We hope this collection has made you smile, think, marvel, and question the world around us. May these stories continue to fuel your curiosity and broaden your perception of what is possible.

For in this complex and unpredictable world, one thing remains certain: there is always a story worth telling, an adventure waiting to be lived, and a mystery waiting to be solved. So, may your quest for discoveries continue, and may you continue to be amazed by the mysteries of reality.

Thank you for joining us on this journey. And remember: sometimes, reality is much crazier than fiction.

Give your honest opinion on Amazon!

Your suggestions and criticisms are valuable.

They make every reading even more satisfying!

I sincerely thank you for reading my book.

I wish you all the success you deserve!

Printed in Great Britain
by Amazon